日本のビルメンテナンス産業創生の礎——浅地庄太郎伝

浅地 正一 監修
岡田 玉規 編著

知玄舎

故・浅地庄太郎

浅地庄太郎の軌跡

明治38年3月16日生まれ　金沢市出身
昭和58年8月8日、78歳で死去

◇――職歴

大正12年3月	石川県立金沢商業学校卒
同年同月	株式会社菊屋商店入社
昭和13年9月	日本栄養食株式会社創立　取締役社長に就任
昭和20年9月	連合軍総司令部（GHQ）住宅建物局日本人首席顧問
昭和27年2月	株式会社逗子なぎさホテル取締役社長
同年4月	日本不動産管理株式会社（三菱地所子会社）創立　取締役社長に就任
昭和32年7月	日本ビルサービス株式会社創立　取締役社長に就任
昭和36年11月	ウイトコ株式会社取締役社長
昭和50年4月	日本ビルサービス株式会社取締役会長他に20数社の役員を兼任

◇――公職関係

昭和16年12月	厚生省栄養審議会委員、警視庁嘱託
昭和36年5月	社団法人東京ビルメンテナンス協会会長
昭和40年3月	社団法人東京ビルメンテナンス協会相談役
昭和41年10月	社団法人全国ビルメンテナンス協会会長
昭和46年7月	財団法人ビル管理教育センター理事
同年12月	厚生省生活環境審議会委員
昭和49年1月	財団法人建築物管理訓練センター会長
昭和50年10月	財団法人地域開発研究所理事
昭和51年2月	財団法人前田育徳会理事
昭和52年7月	社団法人全国ビルメンテナンス協会名誉会長
昭和57年5月	世界ビルサービス連盟終身名誉会長

◇――表彰関係

昭和30年9月	米国・ニューオリンズ市名誉市民の鍵授受
昭和35年9月	米国・サンフランシスコ市名誉市民の鍵授受
昭和36年8月	米国・ロサンゼルス市名誉市民の鍵授受
昭和37年5月	紺綬褒章受章
昭和41年5月	通商産業大臣表彰（四回）
昭和45年9月	藍綬褒章受章
昭和48年10月	厚生大臣表彰
昭和51年4月	勲三等瑞宝章受章
昭和58年8月	正五位に叙せられる

◇――著書

昭和52年12月	『けじめの記』

まえがき

監修者　浅地 正一

令和となり、東京を代表とする大きな街では、都心部を中心に大規模な再開発が進められており、見違えるようなスタイリッシュな高層建築に囲まれた街並みが次々に誕生しています。長年にわたってそうしたビルや街区を管理する仕事に携わってきた私には、その華々しい街並みの背後に、時々刻々と変化する時代のニーズに合わせて、常にとどまることなく変容し、たくましく発展してきたビルメンテナンス産業と、その誕生を促す役割を果たした私の父・浅地庄太郎の姿が透けて見えます。

講和条約の発効によって連合国からの占領が解かれた日、自然発生的に新しい産業として誕生したのが、ビルメンテナンス業です。その意味では、占領行政の終わりが、ビルメンテナンス業の始まりと言えます。

アメリカ国務省当局からの依頼により、三菱地所の一〇〇％出資子会社として急遽設立された日本不動産管理株式会社が、我が国で初めて契約を結ぶことによって他人のビルを管理（メンテナンス）するという業務形態をスタートさせました。同社の設立に当たっては、占領時代からアメリカ大使館等で管理業務を行っていたスタッフを引き継いだ組織ではありましたが、失敗すると日本の国益を損なうことにもなりかねず、ＧＨＱで住宅建物局日本人首席顧問を務めていた浅地庄太郎を新会社に迎える条件で受託することになったそうです。それらの経緯については、本書に詳しく記しました。

振り返ってみると、庄太郎が大変幸福な生涯を送れたのは、社会生活に不可欠な食・住に関わるサービス業務一筋に携わってきたからこそと考えます。他人のことを常に思いやり、本質的には非常に優しい人でしたが、公私のけじめは徹底しており、息子である私に対しても例外ではありませんでした。

我が国のビルメンテナンス業は、建築物内の環境衛生管理を規定した「ビル管理法」の成立施行によって、都市産業としての基盤が確立され、「環境」を取り扱うという意味で大きな画期を迎えました。その後、大手ビルメン会社を中心にビルメン各社も信頼の証として環境マネジメントシステムに関する国際規格ＩＳＯ１４００１を取得するようになり、今や世界の企業の潮流ともなっているＳＤＧｓ（持続可能な開発目標）へとつながります。

私見ですが、ビルメンテナンスは、ＳＤＧｓそのものではないかと思います。その役割は、ビルや施設が自然環境に悪影響を与えず、その活動を長く続けられるよう、常に改善等を行い環境にやさしい管理をすることです。新型コロナウィルスの感染拡大に端を発する衛生強化の観点から、清掃等を行うエッセンシャルワーカーの社会的意義について脚光を浴びていますが、建物の環境衛生管理＋ＳＤＧｓへの取り組みは今後より一層重要になってくるものと思われます。

「温故知新」——これまでの来し方を振り返り、未来を拓く。本書が、そのための一助ともなれば幸いです。

令和四年十二月

目次

第十二章　浅地庄太郎の最終幕 221

序章　日本のビルメンテナンスのパイオニア

◎──世界ビルサービス連盟〝終身名誉会長〟

「いやぁ、まったく思いもかけなかったことなので、大変、驚いています。この業界の人間として、名誉この上もない。ですから、私としては、この話を、うれしく受け止めています。……これまで、ここまで、まじめに仕事をやってきて、本当によかったという、その思いでいっぱいですね」

浅地庄太郎《あさじしょうたろう》は、満面に笑みを浮かべていた。

昭和五十七（一九八二）年五月十日、東京・紀尾井町、ホテル・ニューオータニのラウンジ。いい香りのするコーヒーをおいしそうに、ゆっくりと口にする浅地の表情には、つい今しがた自分の身の上に起きた出来事に驚き興奮し感激した、その余韻が残り、同じ席に一緒に座っている同じ業界の、浅地の後輩に当たる関係者たちの顔も紅潮していた。

その日、浅地は、折からホテルニューオータニ東京で開かれていた世界ビルサービス連盟（WFBSC：world Federation of Building Services Contractors）の理事会で、同連盟の、終身名誉会長に推戴されたのである。

浅地は、理事会で、突然、持ち出された提案に驚きながらも、その推挙を、一瞬のためらいの後、快く受けた。

世界の業界仲間がこぞって推挙し、受諾することを強い拍手でせまってきた、そのことに感激、不覚にも涙をこぼしそうになりながら、浅地は、それを受けたのである。それは業界人として最高の名誉であった。浅地の顔が輝き晴れやかなのは当然である。

このとき浅地庄太郎は七十七歳。それから一年後、浅地は急逝してしまう。

それは、実に惜しまれる死であった。世界ビルサービス連盟の〝終身名誉会長〟に推されたその事実で明らかなように、浅地庄太郎は、〝ビルサービス〟あるいは〝ビル管理〟とも呼ばれるビルメンテナンス（Building maintenance）業界の、世界で初めての〝まとめ役〟を果たした人物である。日本のビルメンテナンス業を新しい産業として創出し、ビルメンテナンス業を、日本の産業界の一角にしっかりと位置づけた。その流れで、さらに日本のビルメンテナンス産業を、世界の同業界の中心的な存在として位置づけた人なのである。

◎——日本のビルメンテナンス業界の〝生みの親〟

浅地は、日本で初めて、講和条約が発効した年の昭和二十七（一九五二）年、契約によるビルメンテナンス業を起こした。今日、数兆円（令和三年度の国内ビル管理市場規模は四兆二七二四億円：矢野経済研究所調べ）といわれるマーケット規模を持つ同業界の創業者であるが、戦後の日本で、一人の人物によって一つの業界が造り出されたという出来事は、ほかに例を見ない。

日本のビルメンテナンス産業は、浅地庄太郎とともに興り発展してきたのである。しかしそれだけにとどまらず、浅地が創出し、同業仲間を組織したビルメンテナンス産業の日本の〝業界〟の成立は、世界的に見ても、時期的にも極めて早いものだった。そうした浅地を中心にした日本の業界人たちの手で、世界の業界が連携、組織化されていったのである。

浅地は、いわゆる〝明治の男〟である。明治生まれなのだが、青雲の志を抱いた若い時代から英語にこだわり、英語を身につけ、若いころから外国人とのつきあいをしてきた。それが一貫して終生続いたのである。若いころから〝国際人〟であったわけである。その意味で、業界人として国際的な組織作りを手がけたのは、いわば必然の流れであった。

また、浅地は、目的に向かって心を燃やすロマンの人であり、〝情熱の人〟だったが、普段は、その〝燃ゆる思い〟を内に秘めた、実直、温厚な紳士で、やさしい人であった。その人柄が、契約によるビルメンテナンス業を業として成功させ、業界人として、日本だけでなく、世界の仲間から信頼されるまでになっていったのである。

そのため、浅地の急逝は、世界の仲間たちから惜しまれ、以来、世界ビルサービス連盟の関係者の間では、何か困った事態が生ずるたびに、こういわれるようになった。

「ミスター浅地が生きていれば……」

「ミスター浅地ならどう判断するだろうか……」

日本人が、国際的な組織のなかで、今日でも、このような大きな影響力を残すというのは、極めて珍しい。浅地は、そういう人なのである。

浅地庄太郎は、日本のビルメンテナンス業界の、文字通り〝生みの親〟である。と同時に、その生涯は、そのまま日本の現代史、明治後期から大正、昭和と続く歴史物語の側面を持ち、日本人が〝国際人〟であろうとし、〝国際人〟であった証明の一つの足跡なのである。

創業 30 周年記念式典で社員の子どもから感謝をこめた花束の贈呈

第四回世界ビルサービス大会で終身名誉会長としてオランダ・マーガレット王女にご挨拶

昭和初期、丸の内でのスナップ

金沢商業学校三年生のころ

上は、GHQ 時代に活躍したころ

右上は、昭和9（1934）年（戦前）の軽井沢、菊屋の店舗前通りの賑わい。外国人が多かった。

右は、菊屋軽井沢店の店内。連日、常連の外国人のお客さんで活況

創業30周年記念式典での感無量の祝杯

最後となった創業31周年記念式典での挨拶（蚕糸会館会議室にて）

上の写真は、「FABCON（FULL AUTOMATIC BUILDING COMPUTER CONTROLS）1000」披露の日（昭和52年、安全ビル会議室、正一と）、左は、創業30周年の記念式典を見守る会長と社長の正一

上は、川崎に新築した自宅外観

左は、自宅縁側前に仲良く並んで撮影に応じた、幼い日の長女・恭子と長男・正一

上は、家族とのスナップ

左は、天皇陛下のお招きで春の園遊会に出席した静江夫人とのスナップ

第一章　少年時代

◎——父・伊三郎と母・すずの長男

浅地庄太郎は、明治三十八（一九〇五）年三月十六日、石川県金沢市のほぼ中心、現在も町名が残っている瓢箪町《ひょうたんまち》で生まれている。

瓢箪町は、ＪＲ金沢駅に近く、有名な兼六園《けんろくえん》や繁華街・香林坊《こうりんぼう》のやや北で、市内を、ほぼ犀川《さいかわ》と平行して流れている浅野川にかかる小橋や昌永橋に近い位置にある。町名の由来は、加賀百万石、前田家の藩政の中ごろまで、瓢箪を作る者が住み、瓢箪を売る店があったから、とされている。路地が入り組み、今でも格子《こうし》造りの、間口が狭い割には奥行きの広い二階家が並ぶ江戸時代中期の風情が残る町である。

父・伊三郎、母・すず。庄太郎は、その長男である。三つ上に姉・葉留がいて、一つ下に弟・多吉、かなり離れて妹・光子が生まれている。

庄太郎が生まれたときには、祖父・庄兵衛も存命であった。父・伊三郎は、当時、家業として衣《きぬ》を織る機屋《はたや》「浅庄」を経営していた。

浅地家の先祖、代々の戸主が庄兵衛《しょうべえ》を名乗ったとされる浅地家は、もともとは金沢市と県境をはさんで隣接する富山県の、現在の小矢部《おやべし》市浅地にあった。浅地は小矢部川の上流、加賀藩の支藩・富山藩の米倉があった旧津沢町に近い農村部で、浅地家は、古くは、浅地村といった集落の庄屋である。

庄太郎の名前は、代々の戸主が名乗った庄兵衛の〝庄〟からとられたもの。祖父・庄兵衛夫妻に子どもがなかったため、父・伊三郎は養子で、母・すずは、そこへ嫁いできたのである。すずの旧姓は西村。西村家は前田藩の武家、五百石の馬廻役の家で、すずの母親は藩御殿医の娘、評判の美人で、すずは、その血を継いでいた。

当然、庄太郎もその血筋を引き継ぎ、幼いころから温和で整った顔立ちだったので、長男であるにもかかわらず、あちこちから「養子にほしい」「貰い子として、くれまいだろうか」といわれることが多かった。当時、金沢あたりの商家では、自分の家に男の子があった場合でも、家業を維持、継承させるため、商家を継ぐにふさわしそうな養子をもらって育てる、そんな風潮があったからである。男の子がなく、女の子だけの商家などでは、必死で養子を求めていた。

父・伊三郎が、機屋を家業として始めたのは、時代の急激な変化、明治勃興期の実業優位の流れに乗って北陸一帯の地場産業になりつつあった繊維業、機屋に目をつけたからであった。まず、浅地から石動《いするぎ》へ、旧石動町、現在の小矢部市石動、JR北陸本線石動駅あたりに出てすぐに金沢へ移り、機屋「浅庄」を営んだのである。

しかし不運にも、機屋は二度も火災にあったことで家業の起業に失敗する。やむなく、伊三郎は、縁戚筋の、素封家で金沢一の薬屋、製造と卸問屋を兼ねる石黒伝七商店を経営する石黒家の世話になり、薬の製造工場の支配人として勤めることになる。

ところが、今度は、大正三（一九一四）年、第一次世界大戦の勃発による株価大暴落が伊三郎に襲いかかったのである。

その試練が、株式相場に賭けていた伊三郎の家業再興の夢を打ち砕いたのだ。その結果、伊三郎はさらに借財を抱え込むことになる。母・すずは、このことで夫を気遣い、心を痛めていたが、普段は気丈に振る舞っていた。

家計が苦しくなるまでは、幼い子どもたち三人、薫留、庄太郎、多吉のそれぞれに一人ずつ子守りがつけられていた。しかし生活が苦しくなると、子守りも下働きの女性も雇い入れることができなくなり、すずの家事の負担が急激に増した。その負担は相当なものだったと想像される。

それでも、すずは、へこたれなかった。家事のほかに、薬屋で使う薬袋の袋貼りの内職に精を出した。子どもたちが少し大きくなると、「一日十袋、毎日、薬袋を作ること。それが終わらないと外へ遊びに出さない」といって、子どもたちに内職の手伝いをさせている。

また、生活をつつましくし節約して貯めたお金は、他人に用立てして利息を稼ぐということもやっていた。すずは、しっかりした金銭感覚を持っていたようだ。

庄太郎が生まれた明治三十八年は、前年に始まった日露戦争が勝利のうちに終わった年である。東郷平八郎連合艦隊司令長官に率いられた海軍の日本海海戦での戦いぶりが国民を熱狂させていた。これによって国家としての日本は国際的地位を向上させ、国民の目が海外に向けられるようになった。

庄太郎は、数えで八歳、明治四十五年四月、歩いて五分とかからない地元の瓢箪町尋常小学校（旧制）に入学する。

◎──家の窮状の波に呑まれた姉への思い

祖父・庄兵衛が亡くなったのは、庄太郎がまだ小学校の低学年のときだった。葬儀は、家から寺まで、遺族や参列者が連なる壮大なものだった。庄太郎も人力車に乗って、その行列に連なった。

しかしそんな時代も束の間、家計の窮状が庄太郎の気持ちを重く引きずるようになった。庄太郎が抱き始めた、小学校を卒業したら上級学校へ進学したいという願望に、暗い影を落とした。その窮状は、庄太郎の目の前に、かなり現実的な形で現れてきたのである。

庄太郎が高学年になったとき、浅地家では、学校関係のしがらみで、庄太郎と同級の長谷川という金沢近郊資産家の息子を卒業時まで預った。その子は当初から、小学校を出たら上級学校、中等学校へ進学させるという長谷川家の方針で金沢市内へ寄宿させられ、瓢箪町尋常小学校へ通っていた。ところが、かなり学業の出来は悪かった。性格的には実直でまじめなのだが、のみ込みが悪く、記憶力もあまり良くない。そこで、成績が良く級長でもある庄太郎に、その子の〝家庭教師〟をさせるために浅地家に寄宿させ、面倒を見させようとしたわけである。

親と先生と大人たちだけの話し合いで、そういうことが決まり、母・すずはその話を積極的に受け入れた。

「庄太郎のためになる。他人に教えるということになれば、自分は、もっとしっかりと勉強しなければならなくなるのだから」

すずは庄太郎にそう告げた。

当時は、小学生であっても、上級学校への進学を目的に、市街地の学校に郊外や山間部の集落から寄留、住所変更をしてきて通う、そんなケースが結構あったのである。成績がずば抜けていれば学齢にかかわりなく進級させてしまう〝飛び級〟制度もあったから、親が子どもに高い学歴をつけさせようという進学熱は、相当に高かった。

庄太郎は、複雑な気持ちだった。小学生の自分が同級生の〝先生〟になるという戸惑いもあったが、母・すずがこの話を進めたからである。その背景には、その子を寄宿させることで幾ばくかの家計への足しを得られそうだという思惑が潜んでいることを、庄太郎は敏感に感じとっていたのである。

もう一つ、別の現実に起きた出来事も、庄太郎にはショックだった。姉・葉留が、学業成績が良い方であったのに、小学校を卒業すると、望んでいた裁縫学校へは入れてもらえずに、市内の旧家へ、行儀見習いという名目の奉公に出されてしまったのである。

浅地家の窮状とは、そういうことであった。

後年、庄太郎は、思い出を語るとき、「姉には、気の毒をした。申し訳なかった。……かわいそうだった」そう何度も述懐した。がそれは、このときの奉公と、その後浅地家の事情もあり、縁あってとはいえ、相手方に望まれるまま、遠い関西の地、大阪へ嫁に行った、姉・葉留の当時の心境を思いやったからであろう。

庄太郎は、「十五で姐やは嫁に行き……」というあの有名な童謡『赤蜻蛉』（大正十年、三木露風作詞）を口ずさむ、姉思いの弟であった。そんなロマンチックな面もあるやさしい心の奥底で、浅地家の窮状が姉を犠牲にしたという苦い思いは消えなかった。

もちろん浅地家の窮状は、小学生の庄太郎がどうこうできるものではない。ときには子ども特有の〝欲求不満〟が外に出て、母・すずにケンカ腰で挑むことがあった。そんな反抗心を見せた庄太郎を、すずが叱るという場面もあった。

◎――わんぱくだが利発な少年時代のエピソード

もっとも庄太郎は、母・すずからいつも叱られてばかりいたわけではない。小学校に入ってからは、むしろ、姉・葉留と一緒に家事の手伝いをよくこなしていた。朝夕の食事の準備や家の中の雑巾がけ、薬袋作りもし、お使いにもよく出かけた。

庄太郎は、普段、口数はそう多くないのに、お使いで何か届け物をしたりするときの先方での口上、挨拶のしかたが、「子どもながら、なかなかしっかりしている」と相手方にほめられることが多く、すずは、それを密かに自慢にしていた。口上は、出がけにすずに教わって暗記したが、見知らぬ人の前でも、声がくぐもらずにきちんと口上が述べられたのは、小学校に入る直前から、ときどきお経を習いに東別院《ひがしべついん》、生家の近くにあった真宗大谷派金沢別院に通わされた経験で身につけたからだった。

一向宗門徒の多い金沢では、春、秋の彼岸や正月、盆などの時期に、あちこちの寺で、ちょっとした学習塾風に子ども向けの講話、読経の時間が設けられていて、そこへ子どもを行かせることが一つの風習になっていた。毎朝行われる、誰でも参加できる晨朝《おあさじ》とは別に、子ども向けの時間も作られていた。庄太郎も、母・すずに命じられて何度か出席していたおかげで、お使いのときの口上をすらすらと言えたのである。

子ども心に、雪が積もる冬などのお使いは寒くて辛いことだったが、実は、楽しみもあった。相手方の好意でなにがしかの駄賃をもらうことが多く、それも、口上を間違いのないように言わなければ、という気持の大きな支えになったのである。

第二章　金商時代

◎――一敗地にまみれた上級学校、金沢商業への進学

庄太郎が瓢箪町尋常小学校の六年の夏休みをもう間もなく終え、二学期が始まろうとする直前のある夜、遅く帰ってきた伊三郎が、食事を終えてから庄太郎をわざわざ仏間へ呼んだ。そしてこう水を向けた。

「来年の春は、どうするつもりだ。なにか希望があるならいってごらん」

「金商へ行きたいと思います」

庄太郎は、父・伊三郎に上級学校、石川県立金沢商業学校の旧制の名前を挙げ、進学を願った。

「実業の世界に魅力を感じています。どこで働くにしても、これからは近代簿記などが欠かせないと考えるからです」

「わかった。…金商は競争が激しいぞ。合格するためには本気で勉強しないといかんぞ」

伊三郎は、大きく頷いて励ました。

伊三郎は事前に、庄太郎の学校の先生から、「ぜひ、一中に入れてやってほしい。学業成績、徳育、ともにすぐれているのだから」と要望されていた。庄太郎が望めば、多少の学費はかかっても、一中、石川県立第一中学校（旧制）に入れてもいいと考えていた。しかし自身、実業の世界に身を投じている立場の伊三郎としては、一中から高等学校（旧制）、大学へという道よりは、実業学校である金沢商業へ進んでほしいという気持ちが強かった。学費の負担の問題もあった。早く社会に出て就職し、家計を助けてほしいという気持ちも頭の片隅にあった。このため伊三郎は、庄太郎が自ら「金商へ……」と願い出たので、すぐに大きく頷いたのである。

それにしても、昔の子どもたちは偉かった。しっかりしていた。自分の学業成績のことは当然として、家計の状況、父親の立場、両親の願望などをきちんととらえていた。それらを自ら判断し、自分の進路について、自分なりの意見を組み立てていた。しかも、父親と子どもの関係が、現代とは異なり、父と子というよりは、むしろ武家社会の主従関係に近かった。問われれば、自分の考えをきちんと言葉にできたのである。

庄太郎だけが特別だったのではない。明治の、緊迫した中で新しい日本を創ろうという活力がまだ強く流れていた時代だった。子どもたちも、その空気に触れて、活力と自分なりの〝けじめ〟を持っていたのだ。

庄太郎が、金沢商業学校へ入りたいと思った理由は、実はほかにもあった。制服が、カッコ（格好）よかったのだ。

当時、上級学校へ進学するということは、小学校時代の絣《かすり》の着物を脱ぎ捨て、学生服という洋服を身につける、いわば〝変身〟することであった。

通学する金商生の姿を見て、「自分もあの学生服を着たい」とあこがれただけではない。「生徒服制規定」が図付きできちんとあり、「学校規制」などと共に、それを近所に住む先輩の金商生に見せてもらったことが、庄太郎の気持ちを高ぶらせていた。

そこに出ている図を眺めながら、その着衣を身にまとって、さっそうと歩いている自分を想像してみる。それだけで、庄太郎の胸は躍った。

少年時代から、庄太郎には、良い意味でのおしゃれ感覚、ファッション感覚、服装などに関するセンスの冴えがあったようだ。

ところが、その、あこがれの金沢商業学校の入学試験に庄太郎は落ちてしまう。大正七（一九一八）年、数え十四歳の悔しい春であった。

募集人員約九十名、応募者三百九十八名、入学者（合格者）九十七名、競争率四・八〇倍と金商としては、過去最高の狭き門だった。金沢一中や二中の競争率が約二・〇倍であったから地元での金商人気が、いかに高かったかがわかる。

やむなく庄太郎は小将《こしょう》町高等小学校（旧制）に進む。現在も小将町の地名は残っているが、兼六園のすぐ東側に当たり、そこまで、庄太郎は自転車で通学する。

癪《しゃく》だったのは、金沢商業学校は、瓢箪町と隣り合わせの彦三《ひこざ》町にあり、普通なら、その校舎に添った街筋を南下、小将町高等小学校に、というのが通学コースであったからだ。

そこで、庄太郎は、できるだけ金沢商業学校の校舎を避けて自転車を飛ばした。周囲にはまだ、りんご畑や竹薮なども点在していた。

小将町高小のときほ、庄太郎にとっては、いわば受験勉強の時代、一敗地にまみれたことを肝に命じ、家に帰ると、夜遅くまで勉強した。

そして、翌大正八年の春、今度は、見事に合格する。金沢商業学校予科一年・浅地庄太郎の誕生である。

◎――得意科目は英語と珠算

金沢商業学校では、前年の入学競争率があまりに高かったため、急いで教室棟一棟を増築、この年から募集人員は約百五十名に増員されていた。応募者四百十四名、入学者（合格者）百五十三名、競争率二・六五倍。それでも、一中や二中の競争率よりも、まだ高かった。入試科目は、国語、算術、地理、歴史、理科、図画の六科目である。

金沢商業学校は、時代の風、海外雄飛の気運を背景にした進取の精神と、同時に地元、地域の実業界の要望に応えるべく、実務実践の基礎力の養成を重視する学習に特徴があった。修業年限は、庄太郎が入学した当時は、かつては予科二年だったのが一年に改められ、予科一年、本科三年の四年制になっていた。

学業成績に対する判定は厳しかった。進級、卒業に関しては、「卒業生は、そのまま社会において実業界の有能な士たらんことを求められている」として、生徒たちから〝慈悲なき査定〟と呼ばれた関門を突破しなければならなかった。

このため、落第率は全校で毎年約十%。語り草になっていた明治四十五（一九一二）年度には、なんと落第率は二十四・三%に達していた。

もっとも、金商生・浅地庄太郎には無縁のことだった、全学年を通して、ほとんどの学科が八十五点以上の「優」の評価。授業中、目立つことはほとんどなかったが、英語と珠算（実践）が得意で、本科へ入ってからのクラブ活動は珠算部に所属していた。

大正九（一九二〇）年四月、庄太郎は金沢商業学校の本科一年になる。「予科生」ではなく「本科生」になった、そのことを意識する気持は強かった。身辺に起きた変化も、それを意識させた。

それは、予科からではなく、直接に本科を受験して入ってくる年齢的に上の同級生が刺激になった。人数は少なかったが、松任《まっとう》の三年制の尋常高等小学校を卒業して入ってきた生徒、また「委任生」と呼ばれ、当時羽振りがよかった大手貿易商社・安宅《あだか》商事から内地留学の形でやってきた生徒たちがいたからである。安宅家のルーツは石川県で、校舎増築費などで多額の寄付もしていたことによる〝委託生〟なのだが、彼らは西日本全域から集められ、安宅の〝少年社員〟として実社会の経験を一〜二年は積んできていたため、学業成績が優秀なだけでなく、それなりの体験からくる〝世間知〟を持っており、庄太郎にとっては、まさに〝強力なるライバル出現〟となった。

◎──育まれた人間としての基礎

大正九（一九二〇）年は金沢商業学校創立二十周年に当たり、四月二十七日、講堂で記念式典が開かれた。それもまた刺激になった。県知事以下の県下の名士、実業界の雄が、安宅弥吉・安宅家戸主なども含めて顔をそろえ、挨拶の中で生徒たちを盛んに鼓舞したのである。

庄太郎が「もっと勉強に精を出さなければ」と思うのも当然といえた。

太正十年、庄太郎が本科二年になった年の秋、十一月には、平民宰相として人気があった原敬が現職首相のとき、東京駅で暗殺されるという事件が起きた。同じころ、大正天皇が病気になり、皇太子裕仁親王（後の昭和天皇）が摂政を務め始めていた。

自分が、これから出ていく世間がこれまでと違う動きを見せているという不安と、だからこそ基礎的な学力を身につけ「新しい時代の波に乗らなければ」という意気込む気持ちが庄太郎に強く生じていた。

「……彦三台の四年の学びは、私の生涯、人間の基を作ってくれたように思います。校内のバザー、スキー行き、うさぎ狩り、粟ケ崎の発火演習、マラソン、金石の相撲大会、浜寺公園のテニス試合等々、書いているうちに、一つひとつのシーンがまぶたに浮かびます……（略）」

庄太郎は、金沢商業時代の思い出を依頼されるまま、『金商七十年史』（昭和四十五年刊）に、こんな風に要約して書いたが、金沢商業時代に本当に「人間としての基礎が作られた」と思っていた。勉強はむろんだが、多感な時期のさまざまな体験が、庄太郎の人間性を豊かに育んだからである。

◎――金商バザーの商業実践で驚くべき商才を発揮

金沢商業時代に、「人間としての基礎が作られた」と、庄太郎は述懐したが、青春期の人間形成面とは別に、後年の実業界での活躍ぶりから見れば、「基礎」的ポイントは三つある。

商業実践による実務の習得と、英語、そして思いがけぬ貴重な体験、「海外見学旅行」である。

商業実践では、珠算と行事としてのバザーが、庄太郎に実務の楽しさを身につけさせた。

珠算は、授業延長の校内珠算大会のほかに、校友会のクラブ活動で腕を磨いた。珠算部は夏休みに二週間、冬休みに一週間ほどの早朝からの練習会を行うのとは別に、七尾商業や金沢貯金局との交歓対抗競技会を実施している。貯金局チームには女子選手がいたので、部員たちは、はりきって競技会に参加した。

二年のときから浅地庄太郎選手も出場。庄太郎は、見取算や伝票算よりも暗算や聞取算が得意だったが、貯金局チームの女子選手たちは、能力的にさらにその上を行き、「毎日、仕事で弾いている人たちにはかなわない」と兜を脱ぐよりほかなかった。

また金商のバザーは、晩秋のころ、日曜日を入れて三日間行われるのが通例で、生徒の販売実習、仕入、売上、帳簿記入を体で学ぶのが主目的。市内の有力六十余の商店が協力して出店。本科三年の上級生が「店主」で、本科生全員が振り分けられて「店員」になり、各店が互いに競争しながら商売をするというもの。「商店」は、本当の商店主が背後にいて生徒を指導し、しかも、通常よりも二割方の値引きをして商品を提供したので、市民には大人気。バザーの期間、金商の校舎は、さながらバーゲンセール中の有名店的様相を呈することになる。

金商バザーは大正三年に初めて開かれて恒例化したが、市内への宣伝のために生徒が描いたポスターを街頭に貼り出し、前夜は、職員、生徒全員で中心街で当時よく行われていた提灯行列を行い、前宣伝をしている。当日も、校門や校舎の入口、階段付近に各「商店」の広告ポスターが貼り巡らされた。一種の、各「商店」ごとのアイデア競争である。

上級生になった庄太郎「店主」は、一応、下級生の「店員」たちと、宣伝について協議をした。

「門のところや、昇降口（玄関）に出て、大声で呼び込みをやったらいい」

「陳列棚の前に、割引価格を大きく書いて貼り出して……」

「廊下とかでチラシを配る」

そんなことはどの「商店」もやる。それとは別に、と庄太郎は前年のバザーで「店員」だったときから温めていた独自のアイデアを提案。よそには内緒で、ある作戦の実行を指示した。それが大成功。そのアイデアは、当時としては画期的で、商品を提供した商店主もびっくりしたというほどのものであった。

庄太郎「店主」は、「持参者、初日割引券」を発行し、これを初日に持参した人に限り、特別にさらに値引することにした。この券を「店員」たちに三十数枚ずつ配布し、「自分の家とか親戚、近所の知り合いに配って、必ず初日に来てほしいと頼み回ってこい」と指示した。

それによって、庄太郎の「商店」には、初日から「店員」たちの母親や姉たちはもちろん、親戚、隣り近所、知り合いがやってきた。そして初日にやってきた客には、必ず「持参者二日目割引券」を十枚ほど渡す。そして、二日目には、来店した客にだけでなく、それこそ玄関や廊下、よその「商店」の前でも、「最終日特別持参者割引券」をバラまいたのである。

そのため、「商店」は、開催期間の三日間、尻上りに大繁盛。初日、多少の義理もあってやってきた客が、二日目には別の客を連れてくる……という具合。まさに、客が客を呼ぶことになったのである。

庄太郎は、このころから商才を発揮していたといえよう。「持参者割引券」は、当時からよく行われていた商売の一つの便法ではあったが、それを商業学校の生徒が商業実践として行うバザーに巧みに取り入れ、しかも、客が客を呼ぶ形に組み立てたアイデアは、なかなかのもの。バザー終了後、商業科目担当の教諭から、大いにほめられたという。

◎──生徒たちによる授業放棄、大正デモクラシーの風潮

英語は庄太郎が最も好きな教科であった。

といっても、英語でクラス一番とか、試験で最高点をとっていたということではない。成績は常に上位にあったが、性格的に出しゃばるようなところはなかった。むしろ静かに授業を楽しんでいた。英会話を担当していた外国人講師の発音する英語の響きに魅了されていたのである。

「同じ英語なのに、日本人の先生と外国人の先生とでは、発音が大違い。当たり前だが、外国人の先生の発音は流れるように響き、ロングフェローやキーツの詩を読むときなど、まるで音楽を聞

いているような気持ちの高まりを感じる」

庄太郎は、そう思った。だから自宅で、一人で外国人講師の発音をまねてテキストブックを朗読したり、英詩を暗記したりする努力は惜しまなかった。

英語への思い入れには、当時の青年期にある者としての海外雄飛とか、西洋文明へのあこがれ的な要素がある。庄太郎もそのころ、まだ漠然とはしていたが、海外とのかかわりのある仕事、海外旅行のできる仕事、貿易関係の仕事をしたいと考えていたから、その意味で、実用英語、実際に役立つ英語への関心が強かったのだ。

金沢商業学校は、卒業生がそのまますぐビジネスマンとして働けることを目標にしていたから、開校当初から、国家的方針、海外雄飛の気運を受けて外国語教育に力を入れていた。当初は中国語、ロシア語が第二外国語として教えられていたほどだ。当然、英語教育には熱心で、常時、四人程度の教諭がいて、そのほかに外国人講師が教壇に立っていた。

金沢商業学校の初の外国人講師イスケイト・モルガン氏の赴任は明治三十八（一九〇五）年五月、庄太郎が生まれた年である。庄太郎が在籍した当時はマール・シ・ウイン氏が教壇に立っていた。ウイン氏が大正十一年七月、三年八か月間の任期を終えると、代わって、九月からはカルール・フランシス・ワイズ氏がやってきた。

また、英語と日本語を交互に入れて、時事問題などを座談的に話して人気があったのは越村仁吉教諭。越村教諭には、学校の職員室に行商がやってくると、ほとんど不用品と思われるものでも必ず何か買ってやる人情味に溢れたところがあり、それも生徒に人気のある理由だった。

その越村教諭が職員同士、同僚と対立したかなにかで一時的に学校に顔を見せなかった時期がある。このとき英語教諭の人員が、日本人一人、外国人一人と、手薄な状態になった。そのことに不満を持った生徒たちが、ほかの校友会費のことなどで日ごろから学校に不満を持っていた生徒たちを糾合、なんと授業放棄、ストライキへ突入という事件が発生した。

ストライキは、庄太郎が本科三年、もうすぐ卒業という大正十二（一九二三）年一月二十五、六日に決行された。庄太郎は、その他大勢の一人であったが、三年生全員で大会を開き、全員一致、全員参加による〝ストライキ〟であった。

このとき、平尾丹治校長が、自ら生徒たちを説得、「改善」を約束して収拾している。特に外部との連絡によって起きたものではなかったから、事態は学内で処理され、首謀者と見られた者への処罰もなかった。

平尾校長は、なかなかの大物。東京高等商業学校（現一橋大学）の出身、長崎高等商業学校の教授から転じてきた人で、豪快な人柄、地元の新聞にも頼まれて論説を書いたりする知識人であった。生徒たちには、ときに修身の授業（後の道徳教育に相当）に姿を現わし、「諸君の責務は近代的産業人たる能力を身につけること。富国！　世界を舞台に活躍せよ！」と自身の渡英の体験もまじえて話す校長と認識されていた。生徒からの信頼も厚く、ストライキ収拾も、その信頼関係があってのことであった。

ストライキは、当時の金商生が団体行動によって要求を訴え、貫徹させようとした。それはやはり、時代の風、大正デモクラシーの風潮を反映したものといえよう。

◎――商業学校生徒の「海外見学旅行」

金沢商業学校の最高学年、本科三年のときの貴重な体験、「海外見学旅行」は、庄太郎にとって、まさにサプライズ、思いがけないプレゼントであった。

当時、海外へ行くのは大変珍しいことだった。商業学校の生徒が、ということだけでなく、海外行きをあこがれ、夢見て貿易商社へ入社した社員の場合でも、なかなか体験できることではなかった。それを庄太郎は、数え年十八歳のときに体験したのである。これが、庄太郎の金商卒業後の進路に大きな影響を与える。

金沢商業学校には、学校の方針として、創設当初から、社会見学体験、それも関西の大阪・神戸や関東の東京へ数日間かけて、泊りがけで修学させるということがあった。

時代の流れ、北陸・金沢という地勢的な条件を克服するためにも都会見学は有益であり、それがやがては海外雄飛につながる、と考えられていた。

当時は、まだ鉄道網の発達も十分でなく、普段、私的に旅行する機会もあまりなかった時代である。このため、生徒たちにとっては、それは心躍ることでもあった。

修学旅行は、例年、五、六月ごろに行われた。庄太郎は、予科時代に能登方面に二泊三日、本科一年のとき、京都、大阪、奈良に四泊五日、二年のとき、奈良、伊勢、名古屋、長野に五泊六日、三年のとき、日光、東京、横浜、鎌倉、箱根に七泊八日で出かけている。いずれも汽車の旅で、トンネルにかかれば石炭を焚く蒸気機関車の吐く黒煙が車内に充満し、初日夜と最終日前夜は堅い木製の椅子に座ったままでの車中泊の旅であった。しかも、旅行先での自由時間にはグループで百貨店、証券取引所、工場などを思い思いに見学し、「帰校後は各自レポートを提出せよ」との条件付きではあったが、生徒たちは、それぞれに楽しんで旅をしていた。

庄太郎が体験した「海外見学旅行」は、むろん、その学校行事としての修学旅行とは別のもの。それは、本科三年の夏休みの出来事であった。

「……選ばれて、三人で大阪商船のアフリカ丸で一か月間、神戸―長崎―香港―マニラ―上海―大連と、船を宿としながら、寄港地で上陸、見物した。……詰襟の制服、文字通りの田舎書生、初めて見る外国は、驚きそのものであった。一等船客としての豪華な船の旅。……それまで外国は遠いものと夢に思っていたものが、船に乗れば、やはり実在するのだと悟り、外国は遠いものと思わなくなり、自分の世界に入り込んできた」

後年、庄太郎は、そのときを思い出して、こんな風に振り返っている。

アフリカ丸は一万トン。心配された船酔いもまったくせず、庄太郎は一緒に乗船した金商の三人のうちで、もっとも悠然と構えているように見えた。それは、全身を包むように湧いてやまない外国行きの感動と、卒業後は外国とかかわりのある貿易の仕事に就きたいという希望を、胸の中でじっと抱き締めていたからであった。

「海外見学旅行」は、まさに画期的な出来事であったが、実現したのは、それを宿願の一つとしてきた平尾校長以下の教諭らの熱意と奔走、安宅商事、大阪商船など地元と関係の深い企業の支援があってのことであった。

金沢商業学校には、以前から、海外旅行のチャンスを作ってやろうという気運があり、何度か企画されていた。そして大正十一（一九二二）年、ついに庄太郎たちの「海外見学旅行」が実現したのだ。

学校の責任で参加者を選考、参加させたものとしては初の試みであった。庄太郎は、英語、英会話が多少でき、総体的に学業成績が良かっただけでなく、「修身、徳育の点でほかの範たるものがある」と平尾校長に推されたのである。

庄太郎の「海外見学旅行」は、その後の庄太郎の生き方に大きな影響を与えた。

大正十一年は、秋の台風シーズンに、金沢は大雨に見舞われ、犀川も浅野川も氾濫、金商校舎は無事だったが、大水で、浅地家も含め、市中は各所で水浸しになった年でもある。「海外見学旅行」に水害体験が重なり、庄太郎にとっては、金沢のことを思うと、すぐ、この年が浮かぶほどに忘れられない年となった。

第三章　輸入食料品取扱販売業・菊屋で初就業

◎――青雲の志、舞台は東京、そして軽井沢

大正十二（一九二三）年三月、浅地庄太郎は、金沢商業学校を卒業、東京の銀座に本店があった輸入食料品取扱販売業・菊屋に就職する。青雲の志を抱き、海外に目を向け「日本と外国とを股にかけ活躍するような男になりたい」、そういう〝夢〟を描いていた。自分の力を試し、それを独自に存分に発揮させることができる「舞台は東京だ」と判断しての就職だった。

毎年、新しい年が明け、二月が近くなると、金商の就職紹介担当職員のもとに各企業、商店の求人要請の申し込みが集まってくる。学校は、それを申し込み順に謄写板で刷って生徒に配り、同時にこれは、と思う生徒に、担任教諭を通して直接、声をかけた。

学校側は、あらかじめ生徒の進路希望を、就職の場合は金沢市内か、どんな仕事内容を望むのか、を聞き取り調整していたから、それに応じて声をかけた。

庄太郎は「市外」、それも但し書き付きで「東京」、「貿易関係」と希望を出していた。

両親、特に母・すずは、「あなたは、お兄ちゃん（長男）でしょうが……」と、「市外」の就職に猛反対した。学校側が、「庄太郎君は優秀だし、できれば上級学校へ進学させられないだろうか。今年一年、父上の関係の石黒伝六商店に、〝預り奉公〟させてもらうことができれば、学校は、来年春に開校の運びになる高岡（富山県）の高等商業学校に進めるように手続きをとらせてもらうが……」と接触してきた。これにすがって母は、「来年、高岡に行かせるから、金沢にいなさい」とまで言って庄太郎を引き止めた。

〝預り奉公〟あるいは〝臨時職員〟として市役所や学校に一年だけ〝アルバイト浪人〟をして、それから上級の高等商業へ進学するというケースは、当時はよくあることだった。しかし、庄太郎は、自分が上級学校へ行かせてもらえる余裕は浅地家にはないと知っていたし、就職の〝決心〟は固かった。

東京・菊屋の求人に応じた生徒は庄太郎のほかにも数人いたが、学校側は、庄太郎一人を適任者として推し、そのまま、採用確定となる。

当時は就職試験といったものはあまり重視されず、学校推薦が信用第一でこと足りたのである。

「……旅立ちの前の晩、私は、今でもよく覚えておりますが、非常にセンチメントになりました。数えて十九の春でした。……この間、私のおめでた（昭和五十一年、日本政府から勲三等瑞宝章を受章、祝賀会が催された）に対してお礼を申し上げたときに、一言書いておいたものがありますので、それを読んでみますと、『思えば五十数年前、北国の田舎生まれの私は、紺の縦縞の着物、角帯、下駄で、金沢駅で涙に濡れる父母に見送られて、花のお江戸、銀座に出てきたのでした。……そのことを思い出しますと、今度のことは、誠に、夢のまた夢のような気が致します。感無量、仏前に合掌し、妻や父母に報告するだけでした』そう書いてあります。……母親は、旅立ちの前の晩、着物を着せて、角帯の締め方、結び方を教えながら、さんさんと涙声で、〝家業がないからこうなった。東京へ出したくない〟と言っていたことを、五十数年後の今も思い出すわけでございます。……東京へ出ましてからは、無我夢中で働きました……」

庄太郎は、故郷・金沢から東京へ向かって旅立ったときのことを、こう述懐した（昭和五十一年九月二十一日、母校・金沢商業高等学校での記念講演の同校速記部の記録より）。

◎――輸入食料品取扱販売業・菊屋に入社

庄太郎が就職した輸入食料品取扱販売業・菊屋の本店は、銀座、現在の松屋の近くにあった（当時の銀座は現在の一～四丁目のみ）。支店は木挽町（その後の築地一丁目あたり）と渋谷、そして、庄太郎が準社員として入社した大正十二（一九二三）年に完成したばかりの丸ビル店があり、有楽町駅近くの鉄道のガード下に倉庫があった。日本の鉄道の開通は明治五（一八七二）年、新橋・横浜間だが、大正三（一九一四）年には東京駅が竣工し、高架上を電車が走り、東京・横浜間を結んでいた。経営者・羽田如雲《はたじょうん》は、士族の出身、菊屋を経営する実業家であると同時に、東京市議会の有力議員として多忙を極めていた。夫人・八十《やそ》子は子爵（旧華族）綾小路家の出身。羽田家の本宅は赤坂（赤坂区新町）で、青山台地がゆるく山王側へ下るその途中の広い屋敷内に、上《うえ》本宅、下《した》本宅と呼ばれていた二家屋を構え、敷地内には別に従業員用の家屋も建っていた。ほかに従業員の宿舎は各店舗内にもあった。

その銀座にあった菊屋の本店で、庄太郎は勤務を始め、社会人としての一歩を踏み出したのである。

働き出してみて、準社員の身分ではあったが、主な仕事は倉庫から本店など各店への自転車での商品の配達、常連の顧客の電話注文への応答配達、商品陳列、そして、宿舎を兼ねた店舗の夜間警備などだった。「貿易、輸入業務もあるとはいえ、今のところは〝社員〟というよりは〝奉公人〟といったところ……」と仕事を受け止め、それでも生来のまじめな気性と持ち前の丈夫な体で、黙々と荷かつぎ、自転車を駆っての配達に励んでいた。庄太郎のまじめさにいち早く目を止めた保田支配人は、早くから時折、日常の仕事以外に会計係の補助、計算業務の手伝いを命じ、給金とは別に〝手伝い賃〟を稼がせるように取り計らったりし始めていた。信用してもらえたわけである。宿舎も、入社当初の〝屋根裏部屋〟的な銀座本店三階での同僚との同居から、手狭ではあったが、同居人なしの木挽店の二階に移された。それは「木挽店の夜間管理は頼む」ということでもある。

体質的に体がアルコールを受け付けないため、酒は飲まない。タバコも吸わない（後年に好きになったが）。勤務時間以外の生活面でも〝事故〟の心配もないことから、木挽店の夜間管理を任されたのであろう。

◎――関東大震災の洗礼

就職して約半年たった大正十二（一九二三）年九月一日前夜、低気圧が関東南部を通過したため朝から雨が降り始め、午前十時には激しい雨になった。が、十一時を回るとカラリと晴れ上がり、太陽が照る。そして未曾有の大震災が庄太郎を襲った。

「午前十一時五十八分四十秒。昼食を採らんとする時刻。突然、大地響きあり。と思ふと、大きく大地の底から揺り動き出した。人々の泣き叫ぶ聲《こえ》がして、私も、電話を掛けようとした手を止めて、無我夢中に往来へ飛び出た。大きく家々は揺れる。大揺れは、二、三回は続いたと思ふ。ナショナルと十字屋の屋根瓦が落ちて来た。女交換手と長嶋さんとが泣き出しさうになって居るのを、林さんと私とで止めて居てやる。大きなearthquake（地震）だったと思った時等は、今から考へると未だいゝ方だったのだ。倉の洋酒、缶詰等が殆ど全部棚から落っこっちゃって、赤いアルコールが川の様に往来に流れて居た。家の中に入って電気のスウヰッチを切り、二階に上って見た。食堂で御飯を食はんとして居た片岡さん、二見さんが柱に掴まったまゝじっとして居た。会計室の方から通ろうとすると、廊下の天井が落ちて居た。そのまま下に降りた。……」

これは、当時十九歳の浅地庄太郎が「メモ」に引き写した関東大震災の体験である。実に的確な描写、記録である。沈着、冷静、発生した異常事態を直視し、自分自身をも客観視して簡潔に記述してある。これは貴重な記録である。

地震の発生は、九月一日。メモには、こう記されている。

「大正十二年九月四日午前六時記。有楽町ガード下倉庫にて。菊屋準社員浅地庄太郎記」

メモしたのは、どうやら注文取り帖らしい「小手帖」。本店で体験した地震発生の瞬間から、三日目までのことが、日記風に振り返ってまとめられている。少し長くなるが、震災の異常事態体験が、臨場感ある記述で、しっかりとメモされているので、しばらく、「中略」をしつつ引用する。

「……『松本楼が火事だ』と見るまに、日比谷の方に黒煙が起って居た。二見さんと二人で自転車をふっとばして、赤坂の本宅の方に行った。尾張町を右に折れて数寄屋橋迄来た時に、またしても揺れ出した。驚いて自転車から飛び降りてしまった。帝国ホテルの横から衆議院横を通って、どんどんと走った。赤坂田町の方に来た。女の人が、全部、往来に出て、べったり地面に坐して念仏を申して居た。……赤坂の本宅に着いた。子爵の出だと言ふ奥様（八十子《やそこ》夫人）と女中が十人許り、英さんと、おばあさんとが、玄関の前で畳を敷いて坐って居た。家の中に入って、奥様と二人して大切な物、金庫を出しておいた。……やがて三ヶ所から出た火は、どんどんと広がった。下本宅から着物を全部、上本宅に上げた。たゞそれだけの事である。然し、それがまた命がけである。息がきれさうである。何百篇と重い箪子《たんす》、抽斗《ひきだし》等を担いで上った。下本宅の娘さん達もずいぶん働いて居た。羽田家の家宝を出した時は、皆に、よく御礼をいわれた。四時となり、五時となっても火は止まぬ。赤坂の聯隊《れんたい》のために本宅は助かった。……」

地震が、火を使う昼食時だったために起きた火災は、夕闇がせまっても衰えず、この日、庄太郎は「銀座の本店が危ない」というので、またほかの社員たちと銀座へ向かう。が、「銀座は、もう火に包まれて居る」状態で、途中で自転車がパンク、それでも庄太郎は乗って走ったのだが、ほかの社員たちとは離れてしまう。

猛火は少なかったが、黒煙が熱を帯びて道路を流れ、逃げまどう人たちが右往左往。庄太郎は、人にぶつかったりしながら自分の宿舎のある木挽町の店に向かう。店の建物はなんとか倒れずにいたが、戸はゆがみ、火はそこにも近寄ろうとしていた。

「……数分間後に、私は、行李を担いで、銀座の街を、丸の内の方に歩んで居た。どうして出たか、どうして入ったか、どうして着物を出したかは、私の頭が記憶しているだろう。私の心は、その時は沈着であった。……私は御仏の光で助けられたのである。……宮城前の広場で休んだ。何千人もの人が集って居る。……本郷、神田を初めとして、日本橋、京橋、本所、深川、芝区は、眼前の天空に赤く赤く煙りを上げて、自然の運命のいたずらを呪って居た。東京全市は今や焦土と化したのである。自然を顧見ず、徒らに文明化し、人力化した事を造化の神は怒ったのか。ここに休める小さき人類は、文明の中に僅かに止められて居る広場、自然の面影である広場に、飢え、餓えて、原始の生活として息を繋いで居るのである。然も、その人々は、誰を怨む事もなく、驚きに閉ざされて言葉も出ないのである。……」

大災害の、大混乱の中に身を投じていて、これだけの思い、考えを抱き、書きとめる。このとき庄太郎、若干十九歳――。

庄太郎が後年になって語った達観、人生観、仏教にいう「人間は時空の深遠の中に、〝生きる〟

よりも〝生かされる〟のだ」の思いが、早くもここで素直に吐露されているといえよう。
庄太郎は、夜になってもなお燃え盛る市街を抜けて銀座の本店へ行こうとするのだが、銀座は火の海で近寄れず、やむなく有楽町ガード下の倉庫へ向かう。倉庫は、棚の商品などが落下、被害は受けていたが、建物などの全体は、火の洗礼は受けておらず、無事だった。倉庫には、銀座本店を死守する覚悟で保田支配人もきていた。二人で夜中に、煙の中を本店の様子を見に行っている。

「……赤坂の本宅に、午前二時半ごろ出かけた。保田支配人と二人して、徒歩でゞある。店の焼けた事を報告して帰る。すぐ一寝入りしたと思う……」

翌九月二日、早朝、倉庫の扉を閉め、倉庫番の人を残し、赤坂の本宅へ。「……協議し、主人は、直ちに市役所に在庫品の殆どを売渡す事にした」ため、再び倉庫へ戻り、まだときどき地震の揺り返しもある中を、市役所の手配になる荷車、リヤカーで在庫品を出す。売り渡しは、「日本橋の明治屋が、飢えた〝暴徒〟に襲われた」などの情報が飛んでいたからであった。明治屋は明治四十四（一九一一）年設立した菊屋の先輩格の商店である。
類焼を免れた本宅から炊き出しのおにぎりが届き、缶詰類を食べてもいいと達しがきていたので、とりあえずの食糧にこと欠くことはなかった。それが庄太郎たちにとっては不幸中の幸いであった。

三日目、九月三日には早朝から水道が止まり、赤坂の本宅の井戸が貴重になる。

庄太郎は、ほかの社員と違って自分の手回り荷物、行李を持ち出していたので、それを本宅に預ける。

そして、気になっていた東京在住の親戚、渋谷に居を構えていた母・すずの弟、西村外七叔父宅を、奈良漬、福神漬、さけ缶、のり、佃煮等を担いで徒歩で訪ねる。

庄太郎は、叔父に、やたらと両肩を叩かれ、「よかった、よかった。銀座は全焼というので心配していた」といわれ、ともに無事を喜びあった。庄太郎が運んで行った食料品は大喜びで受け取ってもらえた。

◎——十九歳青年の冷静な震災メモと野望

四日目に書いた庄太郎の「メモ」は、さらに全滅、焼失、半焼を地域別に記録し、「市中の五大デパート、劇場全部、日本橋あたり著名なる銀行、店舗、全焼」と詳細である。

「大地震」が「大災害」になった「関東大震災」は、世界史に記録されるほどの大被害を生んだ都市災害であった。

庄太郎は、「関東大震災」を自分の感じたことも含めて詳細に記録していたわけだが、当時十九歳の青年の成した記録である。
それだけ震災の衝撃が大きかったともいえる。

地震が起き、東京は下町から出た火が、日本橋、銀座、新橋、虎ノ門をなめつくし、赤坂は一ツ木町で辛うじて火勢がとまった。その当夜のこと。菊屋の主人宅、赤坂の本宅での一場面。主人・羽田如雲は、大人になっていた息子・英之助や親類縁者と上本宅のバルコニーに出て、市中の火の勢いを眺めていた。それを下から目撃した庄太郎の印象が次である。

「……ブルだと思った。活動に出る新派そっくりだ」

ブルとはブルジョアジーのこと、活動は映画、新派は劇団の新派……「まるでドラマの一場面のようだ」の意味であろう。

しかし、その瞬間の〝奉公〟している十九歳の青年、庄太郎の心境の中には、「自分の立場は、今は明らかにプロレタリアートだ。だが、資本主義の世の中は〝実力優位〟の世界でもあるはず。いつの日か、自分は〝出世〟し、ブルジョアジーの側に立つんだ」と、そんな思いだったのかもしれない。青春特有のエネルギー、〝野望〟もそこに潜んでいたのではなかったろうか。

立身出世、当時はそれが男子の進むべき道だったからである。

菊屋に勤めた庄太郎は、東京でいきなり大震災の洗礼を受けたが、いずれは実業家たらんとする青雲の志、気概は少しもくじけていなかった。

震災後もすなおな気持でコツコツとまじめに働き、やがて、思いもよらなかった活躍場所、夏の避暑地・軽井沢という舞台を得て、持ち前の商才を発揮することになる。

それを機に、主人・羽田如雲から大きな信頼をよせられるようになった。軽井沢での働きは、その後の庄太郎の人生に深くかかわることになるのだが、その商才の開花までには、まだ数年を要する。

◎——菊屋の復興での働きと乗馬

大震災後、菊屋は経営的に苦境に立たされていた。

震災時の火災で罹災した銀座本店を早めに復興しようと急いで再建した店が、不運にも完成して間もなく、今度は原因不明の火災で焼失した。早めの復興を妬んだ誰かが放火した不審火ではないかと疑われたが、続けて二度の本店焼失は資金的にも相当の打撃となった。

幸い、震災前に完成し、震災の影響をほとんど受けなかった丸の内に出店していた丸ビル店、渋谷・百軒店に出したばかりの渋谷店は無事で、商売は順調に推移していた。しかし菊屋は、一時的に事業縮小に追い込まれ、店員数人が解雇される事態となった。

銀座本店の再々建築はしばらく保留され、政府の復興計画が固まり、銀座地区一帯の区画変更、整理が行われた後、やや規模を縮小する形で実施に移されている。

復興計画の根幹にあったのは、「昭和通り」の新設である。日本の陸路の起点である日本橋とのかかわりもあり、日光街道と東海道を、できるだけ真っすぐな広い道路で直結することと、皇居前と銀座を結ぶ通り、現在の「晴海通り」を二倍に拡げ、「昭和通り」とタスキ掛けにすることが軸になっていた。そのために区画変更が行われ、それがやがて、昭和五（一九三〇）年の銀座一帯の町名呼称変更となり、古い町名が消え、銀座が一丁目から八丁目まで単純化されることへと続くのである。

庄太郎は、店員としては新人であったが、解雇の対象にはされていなかった。その仕事ぶりが保田支配人らに認められていたことはもちろん、震災の折にいち早く赤坂の本宅に駆けつけたことが、主人夫婦の心証を良くしていたからだ。

震災後、庄太郎は、本宅の別棟、従業員用の宿舎に部屋を与えられ、そこから丸の内店へ出勤していた。

出勤は徒歩か自転車だったが、主人の用足しで急いで往復するときには馬に乗ることがあった。赤坂の本宅には、主人の乗馬用の馬が二頭飼われており、庄太郎は馬番係と親しくなり、乗馬を覚え、盛んに乗りこなしていたからである。

「……私は、初めは、なんだかおっかなかったが、乗ってみて、比較的楽しい事であるのを知った。手綱一つで自由に自らの思う所に行って呉れるのが嬉しくてならなかった。馬に乗る事に私は少しずつ慣れて来た。今朝は青山御所、赤坂御所を一周して来た。朝風にいななく馬、軽快に歩み行く私の姿、全く快い。私は非常に幸福を感じた。……」

乗馬の楽しさを、庄太郎は当時の日記の中で、何度かこんなふうに記している。

庄太郎は、思い出したように、時折、何日間か集中的に日記や日記風の心情メモ、自身の心境をやや反省を込めて記述するメモを書き、それは晩年まで続いた。大正十三（一九二四）年二、三月ごろにも、大学ノートに横書きで、ところどころに得意だった英文もまじえ日記をつけており、そこに乗馬の楽しみがたびたび記されているのである。

震災後、赤坂の主人宅の敷地内に移り住むやいなや乗馬を覚え、それを楽しむ。そんな庄太郎の若き姿に、基本的なキャラクターの表れをうかがうことができるだろう。

新しい生活環境に、たちまちなじむだけでなく、環境を積極的に自分のものにし、関心を抱いたことに挑戦、それを克服する。しかも、周囲の人たちと明るく円満につきあいながらである。礼儀をわきまえ、控え目の態度でありながら周囲の人たちに進んで挨拶をし、声をかけ、親しくなって、やがて信頼をかちとる、そんな姿が浮かんでくる。

馬番係と親しくなって乗馬を覚えたが、それはただ馬番係と親しくなったからではなく、主人も夫人もその行為を容認し、ほかの本宅内の宿舎にいる従業員や本宅の女中たちまでもが、庄太郎に少なくともなにがしかの好意を持っていたことを意味する。

庄太郎は、周囲の人たちに好意で迎えられたのである。

◎――菊屋渋谷店の店長に抜擢

次第に主人の信頼を待た庄太郎は、入社して三年目の大正十四（一九二五）年春、数え年二十一歳で、渋谷店の実質的な店長に抜擢されている。

名目上の店長は若主人・羽田英太郎なのだが、若主人は常時滞在するわけではない。当時の渋谷店は、菊屋の主力店になっていた丸の内店に比べればずっと小規模で従業員数も普段は三人ほど。売り出しなどで忙しいときには本店などから助っ人が駆けつけていた。丸の内店はビルの一階、規模が大きく、店構えは大きなショーウィンドー付きのゴージャスな雰囲気。女店員もいて地階に事務所と倉庫があった。それに比べて渋谷店は小さかった。

しかし小さな店でも、実質的な店長役、帳簿類まですべてを任されたことは、庄太郎にとってはうれしいことであった。

秋からは、その渋谷店の二階、宿直室に寝台を取りつけ、庄太郎は、そこで寝泊りするようになる。

その当時の新興繁華街、小料理屋などが多い渋谷の様相からすれば、輸入食料品販売の菊屋はほかの店の雰囲気とやや違っていた。周辺の店と客層が少し違ったからだ。そのためもあって、外回り、新しい顧客の開拓と、お得意先への御用聞きは欠かせなかった。

渋谷店は比較的一見の客が多く、外国人や、いわゆる上流階殺が客としてやってくる丸の内店や銀座店とは異なっていた。

十二月三日には、次のような、悔し涙の日記をつけている。

「……夜、店をとじてから客が品を返へしに来た。少し口論の口調になり、とうとうけんくわ(喧嘩)のようになったが辛ぼうした。二十一歳になって人にぶたれた。それも商売のため、金のためだ。……やがて、金銭は自分をまたえらくしてくれるに違いない」

「けんくわ」(喧嘩)のところに、自分で傍点をつけたところに、庄太郎のその悔しさと、店の責任者としての気持ちがにじみ出ているといえよう。

第四章　新天地・軽井沢時代

◎──千ヶ滝（中軽井沢）からの移転を進言

庄太郎が、その後の人生に大きな影響を与えることになる商才発揮の舞台、夏の避暑地・軽井沢に初めて姿を現わしたのは、大正十三（一九二四）年七月、大震災があった翌年の夏である。時期的なことからいえば、渋谷店の実質的な店長に抜擢される前年に当たる。その夏、菊屋は軽井沢に初めて進出、夏場限りの軽井沢売店を開店、庄太郎はそこに派遣されたのだ。

責任者は古参の川島主任、すでに妻帯者で赤坂の本宅の敷地内にある家族持ち従業員用の棟割長屋風の宿舎に住み、普段は丸の内店の主任を務めていた。

菊屋軽井沢売店は、軽井沢店とはいっても所在地は、その後のいわゆる軽井沢銀座と呼ばれるメイン地帯、旧軽井沢ではなかった。

当時は沓掛《くつかけ》と呼ばれていた現在の中軽井沢だった。そこから北には開発途上の別荘地、千ヶ滝があった。この別荘地は大正八年から堤康次郎（堤義明・西武鉄道グループの元オーナーの父）が開発・販売中だった。堤は当時、青年実業家として勢いがあり、箱根を開発中の箱根土地会社の手で、千ヶ滝の開発にも乗り出していた。この堤の誘いに、菊屋主人・羽田如雲が呼応し、軽井沢売店の開店に至ったのである。

千ヶ滝の別荘地開発は、荒地に道路をつけ、水道を敷設、客寄せのために温泉を掘り、送電のために湯川第一発電所まで建設するという大がかりなもので、千ヶ滝マーケットも建てていた。菊屋はそこに出店したのである。

避暑地・軽井沢に最初に目をつけたのは、明治以降に鎖国が解け勇んで日本へやってきた外国人たちであった。彼らは日本の夏の高温多湿な大気を生理的に嫌い、その苦痛から逃れようと、日光、箱根、六甲などを探し出し、軽井沢へもやってきた。

軽井沢の八月の平均気温は二十一度ほど、霧の多い気候がカナダに似ていて、自然を満喫できる雰囲気が好まれたのである。今日の旧軽銀座のはずれに、明治十九（一八八六）年に初めて軽井沢に足を止めたといわれている外国人宣教師アレキサンダー・ショーの記念礼拝堂がある。その入り口左側に建つ記念碑には、次のような一文がある。

「ショー氏記念の碑

氏は英国の名士なり。久しく本邦に在って布教に従事す。始めて我が軽井沢を以て避暑地となせるは実に氏となす。氏の遺沢を慕ってこの碑を建つるものは村民なり」

在日外国人たちが軽井沢を避暑地としたことで、彼らと交流のあった海外経験のある日本の資産家、高級官僚、実業家などの上流階級層、大学教授、作家、芸術家などの文化人が続き、中には皇室関係者もいたことで、軽井沢という地は、ステータスを上げていくのである。

その軽井沢への出店なので、菊屋としてはそれなりの成果、売上げを期待したが、結果は無惨だった。

庄太郎は、後年、こう振り返っている。

「……『地所と建物をタダで貸すから、店を千ヶ滝のところに出してくれ』と堤廉次郎さんがいってこられた。別荘を建てたから食料品屋をやってくれというわけだ。それで、東京からきて、そこで仕事をした。ふた夏ばかりやったが、客が非常に少なくて、どうにもうまくいかなかった。当時は浅間山への登山者が非常にたくさんいて、今の中軽井沢という、当時沓掛といったところで降りて、歩いて浅間登山に行く人が何千人といるので必ずはやる、というので期待したのだが、当時は、夜中の十二時ごろに、日の出を拝もうということだから、夜中に登山者はゴザを着て、その店の裏のとおりを通って、昔の国道を通って山へ行ってしまうため、もうひとつ客がなかった。……結局、わずかばかりの別荘の人たちが、夏の三週間ぐらい、たまにこられて、買ってくれるだけだった。……」

店舗立地についての事前調査が不足していたのである。事前調査をし、冷静に考えれば、当時の千ヶ滝ではまだ商売は無理だったことがわかる。

もともとが旧中山道の宿場町、旅館街であった旧軽や、駅前広場的な賑わいが生まれた新軽に比べ、沓掛＝中軽井沢は、当時は閑散とした浅間登山道の出入口でしかなかったのである。

そんな状況下で輸入食料品を主に売る店は場違いだったに違いない。いかに庄太郎といえども商売繁盛への良策はなかった。庄太郎の商才発揮は、もう少し先のことになる。

「……前に、川島主任の方から進言があったことと思いますが、差し出がましいようですが、千ヶ滝では、あまり、いい商売はできないと思います。……思い切って、千ヶ滝の店は閉めて、軽井沢店は旧軽の方へ出した方がいいと思いますが、……」

庄太郎は、菊屋の主人・羽田如雲に、直接に進言し自分の意見を口にした。

大正十四年九月、夏が終り、出向していた千ヶ滝の戸閉めをして東京に戻り、その報告をした。

そのときに、思い切って進言を試みたのである。実は、千ヶ滝店の不振については、同様に出向していた川島主任とともに語り合い、二人で主人にそれを進言しようと決めていたのだ。

しかし主人は無言のまま、「それで」というふうに顔を見詰めてきた。

庄太郎は臆することなく、さらに畳みかけるように進言を続けた。旧軽への出店を想定して何度か旧軽通りへ様子を見に行ってみたことや、街の中央部に位置し古くからあるといわれる写真館を訪れ、そこの主人にも旧軽の様子を尋ねたこと、いくつかのアドバイスも受け面識も得たことなどを一気に語ったのである。

「写真館は土屋写真館といいまして、ご主人は小林治平さんという方ですが、昔、軽井沢が中仙道の宿場街であったころは、白木屋という屋号の宿屋だったそうです。軽井沢は鉄道が通って宿場街がさびれ、代って避暑地になっていたことで、思い切って写真館を開いたのだそうです。この写真館が外国人避暑客から浅間登山の客までを相手に相当繁盛しておられるんです。旧軽には外国人避暑客が多いんです。それを考えると、うちの店の本店や丸の内のお客様の中にも、夏は旧軽へおいでになる方がおられると思いますし、千ヶ滝よりは旧軽の方が、うちのような店には向いていると思います。……土屋写真館のご主人は旧軽でも顔が広く、いろいろと土地の事情にも詳しい方でしたし、何か相談ごとがあれば何でも相談に乗るともいって下さいました」


菊屋の主人・羽田は、この庄太郎の進言をじっと聞いていて、やがて心を動かされ、言った。

「早速、旧軽への出店を検討することにしよう。その土屋さんにも手紙を書こう」

庄太郎はうれしかった。さらに「見聞した旧軽の様子をメモにして出しておくように」と主人に命じられてもいる。

菊屋としては、新規出店に際して初めて出店立地調査を実施する形となった。主人の羽田は、自宅を東京にも構えていた小林治平（軽井沢の写真館主）に手紙を書き、面会して旧軽の様子を尋ね情報を集めて考えをまとめた。秋深まり、庄太郎は千ヶ滝店の閉鎖と旧軽への出店を決断した主人に声をかけられ、軽井沢へ同行することになる。その後庄太郎は、土屋写真館の隣にあった金枡屋を借り受け出店することとなった。

菊屋の軽井沢店はこうして、翌大正十五年の夏から開店の運びとなる。

◎——旧軽に新規開店した菊屋軽井沢店

庄太郎は、旧軽に開店した菊屋・軽井沢店で、喜び勇んで仕事をこなした。店の責任者は川島主任、庄太郎の立場は売場主任だった。いずれは実質的な責任者、店長にもなるのだが……。

金枡屋は旧軽の通りに面した仕舞《しも》た屋で、かつては宿屋だった。店は間口二間（約三メートル六十センチ）、奥行は四間(七メートル二十センチ)ほど、内部を洋風に見せるように壁面に板を張り、天井にも板を張って電灯の数を増やし陳列棚を作り、ガラスのショーケースも入れ、輸入食料品店のイメージに合うように改装した。

当時、旧軽に出店していた商店は、外国雑貨店、洋服裁縫店、西洋野菜店、牛肉店、パン屋、クリーニング店、西洋家具店、靴店などだが、ほとんどは横浜や神戸からの出張店だった。古いのは明治三十（一八九七）年ごろに早くも出店していた雑貨の槌屋百貨店。東京からは洋服裁縫店の出店が多かった。外国人、特に婦人たちは、軽井沢で洋服をあつらえていたからだ。

そんな中での菊屋の出店は明らかに後発である。しかしその夏、菊屋・軽井沢店は、売上で予想以上の成果を上げている。前年までの千ヶ滝の成績が良くなかっただけに、主人の羽田如雲は大喜びであった。売上げ好成績を支えたのが庄太郎ら若い店員たちの働きで、自転車で注文や配達に走り回った体力勝負のがんばりであった。庄太郎らは、距離的にすっかり遠くなってしまった千ヶ滝地区の別荘にまで、かつての客を引き継ぐために自転車を飛ばしたのである。黙々と働く渋谷店からの出向組の庄太郎、森谷三郎のコンビの活躍が大きかった。

軽井沢は、外国人避暑地であり、それも日本へキリスト教の布教にやってきた宣教師たちが比較的多くいた（明治の一時期にはアジア圏の宣教師の年次総会が軽井沢で催されたりした）。避暑地として開けたために、いわゆる歓楽街や男性向けの遊び場を設けてはいなかった。それが今日まで、高級リゾート地としてのイメージを支えることになったのだが、それだけに当時は、ウィスキーやシャンパン、ワインなどアルコール類が売りにくい商品であった。しかし、個人の別荘地内での飲食であれば事情は別だ。配達してもらう分にはアルコールもかまわない。これが隠れた売れ筋商品となった。菊屋・軽井沢店は、その売上げも結構あったのである。

「娯楽を人に求めず自然に求めよ」というのが軽井沢の常識、モットーであったが、散歩やテニスの後に、アルコール類も売れたということである。

千ヶ滝店のときとは違って軽井沢店は家賃を支払っての出店であったが、菊屋としては売上げが予想以上にあったため、庄太郎らは秋、東京に戻った後、主人から特別報酬をもらっている。いわゆるボーナスである。

◎——昭和初年に遭遇した恩人、エドナ・ミラー婦人

菊屋・軽井沢店は、二年目、さらに売上げを伸ばす。夏の商売は順調に推移した。

二年目は、前年暮れ、押しつまっての十二月二十五日に、かねてから病床にあった大正天皇が崩

御され、摂政を務めていた皇太子裕仁親王が践祚《せんそ》、天皇となり、年号は「昭和」に改められ、昭和二（一九二七）年になっていた。

菊屋・軽井沢店の主任格として二年目、軽井沢の夏に乗り込んだ庄太郎は、外国人やハイソサエティの日本人避暑客を相手に奮闘した。その奮闘ぶりが避暑客たちの間で評判になり、菊屋と庄太郎の名前が軽井沢で急速に広まるのは、その翌年夏になる。このため昭和二年の夏は、いわば雌伏《しふく》期間に当たる。

金沢商業時代から好きだった英語は、外国人避暑客の多い軽井沢では商売上の有力な武器になる、と庄太郎は思っていた。そのため外国人来客の応対には英語を使った。東京の菊屋の銀座本店や丸の内店でも店頭では英語を必要とすることがあったから、それは菊屋の店員としては当たり前のことでもあった。

やがて庄太郎は前年より二年目の方が外国人客が増えていることに気づく。庄太郎たち店員は、坂道の多い軽井沢を自転車で各別荘まで御用聞きに回り、注文を受け、配達をしていたのだが、そのうち外国人避暑客から、電話で注文が来るようになった。

電話で……とはいっても、実はまだ、菊屋・軽井沢店には電話はなかった。夏場だけの開店だからであり、また当時は電話そのものの架設数が軽井沢では限られていたからだ。電話は万平ホテルなどのホテルか大きな別荘以外にはほとんど引かれていなかった。

大家である金桝屋にも電話は引かれていなかった。が幸い、隣りの土屋写真館には電話があり、そこにかかってくる電話で対応ができた。

外国人避暑客で大きな別荘を持つ人たちは、コックやアマ（中国語の阿媽から来たお手伝いさんを表す東洋英語）、ベビーアマを雇っていた。中には家族だけで短期間滞在の避暑客もあって、そういう外国人たちは、自分たちの手で食料を買い求めていた。このため英語を理解できる店員がいると知ると、あっさりと電話注文をすることになったのである。

庄太郎の英会話は実践に強かった。東京に出て菊屋に務めてからも、庄太郎は意識して積極的に英会話の勉強をとぎれとぎれだが続けていた。丸の内店で知り合った英語の上手な女性たち、英語好きの良家の中年婦人や女学校の英語教師、そして外国在住経験のある三菱関係のビジネスマンなど、そのときどきで先生役は変わったが、それなりの英会話の勉強を続けていたのである。

庄太郎の英語は話すことも結構いけたが、より聞くことに長けていたので、当時英語使いの人たちの中でも貴重な存在であり、外国人にとっては、よく聞きとってもらえる話しやすい相手だった。

当時珍しくヒアリングがうまかったことには、実は理由がある。

前年の秋口のこと、初老のアメリカ人、エドナ・ミラー婦人と丸の内店で知り合い、以後個人的にみっちりと〝生の英会話〟を仕込まれていたのである。

ミラー婦人は帝国ホテルに住んでいて、庄太郎のすなおな性格をいつくしみ、熱心に英語を教え、またまるで母親代りのように可愛がった。

英語は、発音そのものが外国人と日本人とでは大きく異なる。庄太郎は、その違いを身につけ、言語の背景にある英語文化の存在にも気を配るように注意され、聖書などにも目を通した。それによって、頭の中で英文を考え組み立てたりせずに、自然に英会話を始められるまでに習熟した。

注目したいのは、庄太郎自身が、英語文化という異文化に見事に対応し、その基本をしっかりととらえたことである。温かいミラー婦人との交流の中で、アメリカ人の彼女と日本人の自分の立つ文化の違いを知ると同時に、ミラー婦人が、アメリカ人のアイデンティティを持ちつつ、日本文化も深く理解し、愛していることを見抜き、そのことに共感を覚えた。国際問題への理解について、庄太郎の姿勢は今日でも日本人に求められる基本的なことといえよう。昭和の初めに、庄太郎はすでにそれを知り、実践していたのである。

庄太郎のその英語力が、菊屋・軽井沢店の売上に貢献したのは言うまでもないだろう。

◎——年間四十日勝負の軽井沢、ラジオとアイスクリーム

軽井沢の三年目、昭和三（一九二八）年の夏、庄太郎は、軽井沢店を任され、店長の肩書を得ている。数え年二十三歳である。

庄太郎は張り切った。

商才発揮、売上を増やすため、菊屋の商売としてはこれまで前例のない、さまざまなアイデアを実践に移し、いずれも夏の軽井沢で話題になり、成功を収めた。

むろん夏の開店以前に庄太郎は、主人から「なんでもどんどん試してみたらいい」という了解をとりつけていた。というのも、もしアイデアが失敗に終わったとしても夏だけの短期間商売である。しかも経営の基本スタンスは出張売店なので、次年度以降に大きな打撃を与えることはないからである。「当たれば面白い」と期待もされていた。

実際庄太郎は新しいアイデア商法を大いに楽しんで実行に移している。金商時代の商業実習、バザーのときを彷彿《ほうふつ》とさせる心楽しいノリであった。

軽井沢での商売の期間は、別荘が〝戸開け〟をする七月中旬から〝戸閉め〟をする九月中旬の夏、約四十日間だった。それ以外の季節には、街はぐんと静かになる。夏場は避暑客相手の店が旧軽を中心にざっと百軒ほど開店する。冬場などは地元の住人だけになり、開いているのは雑貨店が二、三軒程度。ほかに仕事をしている建物を探すとなると、町役場と郵便局ぐらい。ことほどさように季節により、人口密度に差があった。

現在では冬場の好寒客もあり、夏の商売も四月中旬から十月下旬までと約半年間に拡大しているが、当時はまさに四十日勝負だったのである。

庄太郎は、その四十日間をフルに使う日ゼニを得る商売を併設することから始めている。輸入食料品店に併設したのは軽飲食店、後のパーラーである。

庄太郎は、生来生理的にアルコール類が苦手で、ときおり珈琲や紅茶を煎れ、ゆっくりと味わいながら飲むのを好んだ。前年夏の軽井沢店では、たまたまなじみの顧客が来店して長居したりすると、庄太郎は店の奥、事務机のあるところで珈琲などを出して応待したことがあった。そのときに、これは商売にできるのではないかと考えていたのである。その発想から軽飲食店を併設したわけである。

夏場だから珈琲や紅茶だけではなく、菊屋のイメージにふさわしくアイスクリームを出そうと考えた。これまで表に陳列していた商品を奥へ並べかえスペースを作り、テーブルと椅子を置き、店内にはラジオを据え、あのラジオ放送を流して……と、庄太郎はアイデアを練り、準備をして軽井沢へ乗り込んだ。

当時は朝七時、昼〇時、夕方七時の定時ニュースが主で、歌など芸能番組も少なく、放送時間もバラバラで、放送なしの時間帯が多かったのだが、それでも、夏には甲子園からの中継が予定され、また、この年の夏には第九回オリンピックが開かれることになっていたため、夏にはラジオが必需品と考えたのだ。オリンピックの開催地はアムステルダムなので遠かったが、競技結果、誰が、どこの国の選手がメダルを獲得したのかなどには外国人避暑客も関心があるに違いない、ラジオを持っている階層はまだ少ないのだから、ラジオを鳴らしておけば客寄せにつながるに違いない、それが庄太郎の読みであった。

なかなかの才覚といえよう。

もっとも、当時は、自分の家庭以外のところで食事をするときは立派な料亭旅館の座敷を使い、それ以外の小料理店などを使うのは一般庶民のやること、といった風潮が残っており、果たして避暑客たちがやってくるかどうか、その心配はあった。このため、子どもや女性に人気のアイスクリームを加えたのだ。

結果は、大成功。

アイスクリームについては、急遽、学生アルバイトを東京から連れてきても製造が間に合わず、昼ごろから売り出して、四時ごろにはもう「完売」という状態が続いた。

しかも、その品不足現象が話題となり、かえって人気を高めることになった。

アイスクリームを作って売る、とはいっても、当初、庄太郎が試みたそれは本格的に工業化された製造法によるものではなく、いわば家庭内の延長の手作業によるものだったから、人気が出ると製造が追いつかなくなった。当然出来上がったアイスクリームの仕上がり状態にもバラツキがあった。しかし、それでも、女性や子どもに歓迎されて売り上げは上々で、外国人たちも同様であった。

ラジオの効果もあり、昼の定時ニュースの時間帯にはまだ数は少なかったが、男性客も珈琲を飲みに現れるようになっていた。

庄太郎は、高校野球の結果やオリンピックの結果を紙に書き出して店内に表示するサービスも始めたので、やがては昼の三時過ぎにも男たちがやってきた。

庄太郎は、紙で作った五輪旗をテーブルに立てるなど、小さなアイデアにも気を配った。

来客が増え、庄太郎は、食器類を追加で東京から取り寄せ、テーブルも金桝屋や土屋写真館に頼んで集めるなど多忙だった。天気の良い日には、金桝屋の駄菓子屋の前の方や、土屋写真館の入口近くまで道にはみ出してテーブルを並べた。自然にカフェテラスの様相を呈していったのである。

今は当たり前になっている軽井沢の夏の風物詩の一つ、カフェテラスに先鞭をつけたのは、菊屋・軽井沢店の若き浅地庄太郎店長だったのである。

◎——軽井沢の夏と菊屋の浅地青年

庄太郎の、軽井沢の夏の四年目以降は、人気の軽飲食がさらに拡大されていく。

まず、金桝屋が細々とやっていた駄菓子屋の部分も借り受け、表の間口五間分全部を軽飲食の店にし、店の奥の商品倉庫にしていたところに簡単な厨房を設け、アイスクリーム製造のための小型フリーザーを設置するとともに、食器類、テーブルなども多めに準備した。

その上で、洋風軽食、チキンライスやライスカレーをメニューに入れるため、専門のコック、といっても修業三～五年目の板前修業中の厨房担当者を二人雇い入れたのである。

こうして四年目以降、菊屋・軽井沢店は軽飲食店のイメージを強めていった。とはいえ庄太郎は、決して本業の輸入食料品販売業をおろそかにしてはいなかった。それにもさまざまなアイデアを取り入れ、大胆に実施し成果を上げている。

まず、配達を合理化するため、地元の軽井沢避暑団（大正二年に結成された外国人や日本人の別荘を持つ避暑客の組織。三年後には財団法人化）が作った「別荘案内地図」を手に自転車で配達コースを決め、配達時間は午前中だけとし、その配達のときに翌日配達分の新規注文の御用を聞いてくることにした。それ以外の電話注文による緊急配達の場合には、原則として特別配達料をいただくとしている。しかし、実際には、この特別料金を徴収することはほとんどなく、「今回はおまけしておきます。お得意様ですから」となることが多かった。それでも顧客の方は、サービスを受け、トクした気になるのである。つまり、配達、注文のルール化、システム化を実施したのである。

そして昼ごろから午後にかけては軽飲食を中心にし、夕方は早めに店閉いをして翌日の仕事の段取りをつけた。

軽飲食では、天気の良い日は意図的に外の道路部分にまで少しはみ出してテーブルを並べるようにし、テラス風を強調。その店の雰囲気作りのために鉢植えの植木や花を配し、店内の壁面には、外国製商品の宣伝用ポスターや、微笑した女性の顔の部分を切り抜いて白い台紙に貼り替え、「WELCOME」のイラスト文字を組み合わせて展示したりした。

今から思えば当たり前のことだが、当時それは斬新なアイデアであった。

客の中には「氷を削ってシロップなどをかける氷水を売ったらどうか」という者もいたが、庄太郎は「それは菊屋のイメージではない」と、あくまでもメニューは限定的な洋風とした。食事はチキンライスとライスカレーに限り、ほかはアイスクリームと珈琲、紅茶である。扱い商品を簡略化することで厨房の人間も、ウエイトレスの役目やレジをこなす店員も、比較的混乱せず、楽に対応できることを考慮したのである。

もちろん本業の輸入食料品を売るための商品陳列棚があり、外国人客が好んだハッカ入りの菓子や、越後高田産のブドウ飴など、菊屋の扱い商品のイメージに入ると思えば国内産の商品であろうと取り寄せて扱った。またそれらはそのまま丸の内店の扱い商品として東京へ持ち帰った。このように、庄太郎の才覚は今でいうマーチャンダイジングの面でも発揮されていた。

五年目からは、あらかじめ大量に仕入れて在庫を積んでおき、九月に入って〝戸閉め〟の時期になると、「在庫バーゲンセール」と銘打ったセールを実施。これも大成果を上げている。

避暑にやってくる外国人の中には、遠隔地、青森や弘前、米沢、新潟、福井、米子、そして九州といった地方に住み、車でやってくる人もいたから、夏の終りの軽井沢で冬用の食料品を買い貯めできるのは大いに有難いことだった。それらの地方には、缶詰のバターやチーズ、コンビーフなど外国製の輸入食料品を扱う店などはなかったからだ。

そんな軽井沢で、こんな話題が飛び交い始めた。

「菊屋の、あの若い浅地庄太郎とは何者か？」

実は浅地庄太郎は、すでに軽井沢では、知る人ぞ知る存在になっていたのだ。

なぜなら、若いのにヤリ手、商売上手で、英語もしゃべれることが、菊屋同様に夏場に出店をしていた商人や関係者の間で評判になり、また土屋写真館のような地元の商売人の間でも注目されていたのである。

同様に、例年やってくる別荘持ちの外国人避暑客の間でも、庄太郎の活躍が話題となった。それは外国人、日本人を問わず、特にご婦人たち、それも若い娘たちはもちろん年齢差を越えた方々にまで、瞠目されていたのである。それがさらに男の避暑客たちの間でも話題にされるようになった。こうして軽井沢の常連避暑客のほとんどは〝菊屋の浅地青年〟の存在を知ることになった。

その勢いは、「スウェーデンかデンマークか、北欧系の大男の駐日公使が浅地青年を気に入って、一日おきに菊屋に顔を出すそうだ」というようなウワサ話が起こるほどになり、〝浅地青年〟は軽井沢で有名人となったのである。

実際、庄太郎は、そのスウェーデン公使とはウマが合い、交遊は東京へ戻ってからも続き、公使が日本を離れて一応のピリオドが打たれたが、この二人の間にはどちらもややブロークンの英語を使って語り合える友人関係が築かれていった。

「……昔の人間としては背が高くてスマート、脚も長い。色白で、柔和な感じの笑顔がいい、ハンサムということで、浅地さんが、評判だったことは確かです。外国人のご婦人方の中には、それとなく言い寄った人もいたんじゃないかなぁ。彼女たちは、日本のご婦人方と違って驚くほど積極的ですからね。……当時の軽井沢での働き盛り、ということで、〝独身三人男〟とか〝三羽烏〟の一人とかいわれて、もてていましたよ」

前出の、土屋写真館の小林幸夫は、そう証言する。

ちなみに、〝三人男〟の一人は万平ホテル（明治二十七年、宿場旅館だった「亀屋」を改め、ホテルに改築して開業。現在もある）のオーナー佐藤万平の子息、太郎で、彼は大正四年、野沢組に入社、すぐにロンドン支店に勤務、その後、ヨーロッパ、アメリカで計七年を過ごしていたからすばらしい英語を使った。

この軽井沢時代の庄太郎と太郎の交遊、友情は晩年まで続いた。

また庄太郎は、旧加賀藩主の前田家の人たちや詩人の室生犀星に大いに可愛がられた。郷里が同じ加賀の金沢だったからである。前田家の〝戸閉め〟は夏の最後の宴会も兼ねて行われたが、庄太郎はそこへ顔を出すようにと声をかけられるまでになっていた。

庄太郎の始めた軽井沢での軽飲食は大当たりとなった。その影響で庄太郎は、夏は避暑地で暮らすことが定着しつつあった上流階級の人たちの間で名前と顔を知られるまでになっていった。

この〝軽井沢人脈〟が、後の庄太郎の人生にいくつかのかかわりを生むようになる。しかしまだ、当時の庄太郎にはそんなことが予知できたわけではない。ただ、心の底では、自分もやがては実業家として一人前になり、夏は避暑地で暮らす生活を送るようになりたいと思い、そのために努力しようと考えていた。

やがて夏の軽井沢での飲食店は常態化し、昭和九（一九三四）年ごろには旧軽に、ざっと二百余店あった夏季出張店の五分の一ほどが飲食関係の店になっていった。その中に、東京の有名店、新橋の料亭「花月」、山谷の鰻店「重箱」、四谷の蕎麦店「地久庵」などの名も見られるようになる。

これらの有名店の出張店は大繁盛し、「……夏の三ヶ月間で、東京の店の一年分を稼いだ」（稲垣虎次郎著『大軽井沢の誇り』より）といわれたほどである。

菊屋・軽井沢店も、庄太郎の商才で繁盛した店の一つであった。

第五章　初志貫徹に揺れた実業家志望青年時代

◎――若さ漲る絶好調の青春真っ盛り

庄太郎は、軽井沢で優れた商才を発揮した。配下の店員や学生アルバイトを使いこなす才覚もあり、店の売上も順調であった。このため菊屋の主人・羽田如雲は機嫌が良かった。しかしだからといって、その庄太郎を大抜擢して丸の内店の責任者にするというわけにもいかず、主人は悩んでいた。

当時は、能力重視ではなく、あくまでも年功序列、しかも、従業員というよりは、まだまだ〝番頭〟というイメージが残っている商店である。才能はあっても、年齢が若いというだけで、その活躍に相応しい処遇ができずにいたのだ。

しかたなく主人は、庄太郎を〝売場主任〟に任じ、普段は特定の店舗に所属させず、丸の内店を主な仕事場にし、状況に応じて銀座本店にも顔を出す……という待遇にした。

軽井沢店での成功があってからは、実際に丸の内店や銀座本店に庄太郎を名指しでやってくる外国人客や日本人客が増えたのである。そのためそうせざるをえない面もあった。給与面での待遇を厚くし、いわば〝上客担当〟とし、その分夏の軽井沢店では「好きなように経営して結構」としたのだ。

年齢や入店歴で先輩に当たる者の中には、「主人が庄太郎をえこひいきしている」と悪口をいう者もいた。

庄太郎はむろんその陰口を承知していたが、気にしてもしかたがないと割り切って仕事に精を出していた。何か気になる嫌なことがあったときには、「来年の夏の軽井沢店をどう経営しようか」と楽しいことを考え、嫌なことを霧散させていた。

庄太郎も男、若さが漲《みなぎ》る青春の真っ盛りで、しかもふところ具合は他の同世代の男に比べれば豊かだった。それに美男子と条件がそろっていた。ときには紅燈の賑わいの渦中に繰り出すこともあった。

ただし庄太郎は、アルコールがダメ、生理的に受け付けない体質だったので、社交性を発揮して座興の雄にはすぐになれても、酒のせいにした乱行はしなかった。下戸が若さ暴走のブレーキ役を果たしていた。

◎——仕事と家と結婚と弟・多吉

庄太郎は、菊屋・軽井沢店の経営を任されたことで、商売の面白さを十分に知るきっかけになった。実業の世界でいずれは独立して一旗上げたいと考え始めてもいた、そんな昭和初期に、後で振り返れば明らかなのだが、庄太郎のその後の人生に影響を与える出来事がいくつか起きていた。

それらの出来事は、庄太郎の一念「一旗揚げるぞ」という意思を封じることはなかったが、庄太郎自身には、意識したかしないかにかかわらず、身辺に波風が立ったことは確かである。

それは、長男として生まれた男の立場がある。家を継ぐという問題だ。家業として成り立つだけのものはなくとも、やがて老いてゆく父母を養い、看取る……それをどうするのか、という問題である。さらに自分は、今後何を本業として生きていくのか、という命題につながるいくつかの出来事である。

晩年になっても庄太郎は、金沢の家を継がなかったことについては、あまり多くを語らなかった。弟・多吉も同様であったが、兄弟二人、無言だったが、はたから見て感じとることはできた。

ことに男として、結婚をどういう形でするのかも、大事な問題である。

ところで浅地家の兄弟二人、庄太郎と多吉は仲が良かった。幼いころの金沢時代はむろんだが、庄太郎が東京へ出てきてからも、二人は互いに手紙を書いている。ほとんどは、近況、身辺報告に類する内容だが、お互いに家族想いの心情を吐露した、心温まるものが多い。

庄太郎の身辺に起きた出来事の一つは、その弟・多吉の上京、菊屋への就職である。

昭和二（一九二七）年四月、庄太郎は、自分と同じ金沢商業を卒業した弟を、菊屋の従業員の後輩として迎えたのだ。とはいっても、二人は職場である店の中で、ときに顔を合わせることはあっても、仕事は別々、寝泊りも別であった。庄太郎はすでに実質的に渋谷店を任されていた。一方、夏場は軽井沢で活躍しはじめていたが多吉は新入りなので、扱い商品を覚えるための倉庫番がスタートで、寝泊りの部屋は新入り同士で倉庫の一隅に設けられていたからだ。

その多吉は、菊屋に丸三年間勤務しただけで、昭和四年の春遅くに郷里の金沢へ戻ってしまった。

そのことを結果から見れば、兄弟二人の人生の選択は別々となった。兄の庄太郎は、郷里を出て一旗を挙げる初心――青雲の志を貫徹した。弟の多吉は、商才を発揮しはじめていた兄の実力を知り、性格の素直さが都会の空気に抵抗を感じたこともあり、兄に代わって家に戻り、家を守る道を選んだことになる。

おそらく多吉が上京し菊屋へ就職したのは、父・伊三郎と母・すずの願望だったと思われる。両親は、兄と弟の入れ替えも目論んだのだろう。庄太郎を金沢の浅地家へ家督として戻す目的を優先させ、代わって多吉を送り出すという意図があった。こういう発想は、家は長男が継ぐのが常識だった時代には、よくあることであった。

父・伊三郎が勤務していた金沢の石黒伝六商店の主人、東京の菊屋の主人たちも、むろん基本的には同意した上のことであったと思われる。もっとも菊屋の主人の方は、ホンネでは実力を発揮しはじめていた庄太郎を手離す方が辛いと思っていたに違いない。

弟・多吉が金沢へ戻った昭和四年、庄太郎は数えで二十五歳になっていたが、そのころから母すずは、「嫁さん候補あり」の手紙を庄太郎に書き送ってきている。

すずとしては、庄太郎を郷里に戻す企ては成功しなかったものの、なんとか嫁を送り込むという別の手段で、郷里の自分と庄太郎とをつなぎ止めておきたかったのだろう。

これも庄太郎の人生に係わる大きな出来事の一つといえる。

◎——一旗揚げる独立への機運

軽井沢店の経営で自信を持った庄太郎は、次第に機会があれば小さくてもいいから独立して商売をしてみたいという思いを抱くようになった。それが一旗揚げる近道ではないかとも考えた。同時に「菊屋を辞めてウチへ来ないか」という誘惑が、よその経営者からあった。こうして徐々に庄太郎の心が揺れ動くようになってきた。そんな転機が訪れたのである。

昭和六年の春である。気分的に独立したい欲求を満たそうと、庄太郎は自分でアパートの一室を借り、そこから店へ通勤したいと主人に願い出、了承された。保田支配人をはじめ菊屋では何人かの幹部従業員が自分の家（借家やアパート）や下宿屋住いでそこから通っていた。その意味からアパート暮らしが認められたのは、庄太郎がその働きを認められ、幹部従業員の扱いを受けたことにもなる。

「……今、京橋の采女《うねめ》町に居る。八畳の畳も新しく唐紙も新しい。きれいな室で、黒い机に向って、このペンを走らせている。私の住居で、である。

屋根裏にくすぶっていたのが夢にしか思えない程にかけ離れた美しさである。洋服タンスもブックエンドも、私の買い集めたものが場所を得て喜び顔である。私の心も落着いている。夕日が落ちて、丸ビルからポッと吐き出されると、また、あの室に帰る、と思うと、今は、本当に楽しい。

銀座、木挽町、本宅、渋谷、銀座、そして、今、采女町。やうやく、私らしい気持できままに住まへる美しい室を得た。こよない喜びである」（三月二日夜。「ノート」から）

独立への願望、欲求が強くなっていく自分自身を自覚しつつ、まだそこまでの力、資金力を持ち合わせない自分の姿にいらつき、悩み、とりあえずの行動としてアパートの一室を借りた……それも庄太郎の人生における出来事の一つといえよう。

そんなときに不意に、父・伊三郎の死がやってくるのだった。

◎──父・伊三郎との永遠の別れ

庄太郎の父・伊三郎は、昭和六（一九三一）年三月十七日、金沢で逝去している。

庄太郎は、数え年二十七歳、東京・菊屋の丸の内店での勤務中に訃報を知らされている。

その後、庄太郎は、采女町のアパート、自分の部屋に戻り旅仕度を整えた自分の行動を書き記す。

「……さらば、さらば御父様、私は、今からあなたの御葬式に参ります。これが、東京から、あなたにあげる最後のお手紙です。……私は、この手紙を、あなたに書き、あなたに捧げるつもりでは書きませんでした。日誌のやうなつもりだったのです。然し、この頁に来てから、これを、あなたへ宛てる最後のお手紙として出さねば、と思ったのです。……

もう時間が来ました。それでは、これで、さよならを致します。私は羽田主人があり、多吉は石黒主人がある故、決して御心配なき様、これを最後の言葉とします。私も、男として、立派にやります。では、さようなら。
昭和六年三月十七日
午後五時五十分
浅地庄太郎
御父上様　」

書き出しは日誌風だが、最後は、まさに、父宛の手紙になっている。

覚え書「ノート」に残されたものである。

当時は、東京から金沢へは、上野駅発の列車で、高崎、軽井沢、長野、糸魚川、富山を経由する夜行であったから、危篤と聞いても、今のようにすぐに新幹線で、いや飛行機で小松へ飛んで、というわけにはいかず、庄太郎は、夜行列車に乗るまでの数時間を、悲しみの帰郷の仕度をしつつ、独りアパートの部屋にいた。

〝手紙〟は、そのときに書かれたものである。

やや感情の乱れはあるが、それでも、自分の気持の動きを文章に表現する。この庄太郎の才能は、なかなかのものだ。関東大震災直後の記録に見られる冷静さとは別のものだが、乱れる気持の中で、少しずつ自分を取り戻し、気力を立て直す、その経過が綴られていて興味深い。

父の突然の死は大きな出来事であったが、この年、昭和六年の庄太郎の身辺には、ほかにもいくつかの出来事があった。

秋深まった季節には芸妓に大もて、手紙や電話で追いまわされ、芸妓が店頭にまで現れたということもあった。丸の内店で扱っていた有名日本酒の宣伝に、マネキンガールとして貞奴、菊龍という二人の芸妓が現れ、貞奴に「私、岡惚れしちゃったのよ」と花柳界の女らしく言い寄られた男・庄太郎が、まんざらでもない表情を見せたという劇中劇のようなエピソードがあった。

また、主人、羽田如雲の長男・英之助が結婚し、その挙式と披露宴に幹部従業員の一人として招待状つきで招かれたときには、主人からそれとなく「将来は英之助を手助けしてやってほしい」と頼まれた形になったわけである。それも身近に変化があった出来事の一つといえる。

さらに、菊屋勤務の働き者の後輩で、庄太郎とは渋谷店、軽井沢店で息の合ったコンビを組み相棒として活躍した森谷三郎(そのとき渋谷店の実質的店長)に、〝養子結婚〟の話が持ち上がっていた。実は、庄太郎がその話に大きくかかわっていた。

菊屋の軽井沢店の家主である佐藤家の女主人から、庄太郎はこう頼み込まれたのである。

「後を継ぐ子どもがいないから、是非森谷君を私の養子に欲しい。そして、私の遠い親戚に当たる娘と結婚し、佐藤家を継いで欲しい。ついては、浅地さんに森谷君を説得してもらいたい。森谷君は浅地さんのいうことならきっときくから」

庄太郎はその養子縁組の話を森谷に伝え、説得した。

実質的には、結婚の仲人役を独身の庄太郎が務める形となる。森谷本人も、やや迷いながらも「親許に相談をして……」と話が進行した。

庄太郎の身辺に変化が見られた出来事としては、これも見逃せないことである。いや、見逃せないどころか数年後には、この仲人役として活躍した森谷の養子縁組・結婚が、庄太郎自身にも深くつながってくることになるのである。

◎——長男の責務と不況で揺れる昭和初期

父の死があってから、庄太郎の気持は揺れていた。

長男である立場から、母の住む、父亡き後の故郷の金沢へ帰ろうか、帰るべきだろうかと迷っていた。

数年前、弟・多吉との関係は「自分は初志を貫く、金沢のことは、お前に任せた」と一度きっちりと決め、覚悟もした。しかしふと、仕事に追われる忙しい勤務時間中にも、それで良いのかどうかと考えている自分に気づくことがあった。

父が亡くなった年、昭和六（一九三一）年の夏の軽井沢店勤務中には、そんなことが多かった。

軽井沢は、地理的時間的にはかなり東京に近い。比べて金沢は、そこからはほど遠かった。しかし、庄太郎の気持ちから見れば、軽井沢は東京と金沢の中間地点、心理的イメージでは、信越、北陸はむしろ東京よりも身近にさえ思えた。夜になると、夜半に出発する上野発の夜行列車がこの軽井沢を通り、明朝には金沢へ着く、ということが、庄太郎の頭の中を占領するのだ。

その夏の終わり、庄太郎は軽井沢店の〝戸閉め〟後、東京へ戻るべきところを、逆に金沢へと身を運んでいる。

金沢の家に帰り、日本間の黒檀の机の前に正座し、自分の行動を記しながら、やがて庄太郎は、再び「自分は初志を貫く、故郷を出て一旗揚げるのだ」というところへ行き着く。

どうやら庄太郎の心は、このあたりで固まったようで、以後「ノート」には、郷里の母のことを案じ、弟・多吉のことを案ずる気持ちを綴ることはあっても、金沢へ戻って仕事をするという考えは記されていない。

この昭和初期、庄太郎は、客観的に見れば比較的恵まれていたといえる。突然の父の死という悲しい出来事はあったものの、仕事があり、その仕事も、特に夏の軽井沢では持ち前の商才を存分に発揮できる場が与えられており，収入にも恵まれていて、ときに紅燈の賑わいを体験できる余裕すらあったからだ。

庄太郎は、自分は、夏の軽井沢という別天地的な盛況を続ける小世界とかかわることで比較的恵まれているが、すぐ外側では冷たい不況の風が吹いていることも承知していた。だからこそ、余計に、夢と自分の現実の日常生活と、見聞きする不況の世の中とのギャップに悩み、不安を感じていたのである。

それにしても、当時の軽井沢の繁栄ぶり、急成長ぶりと、不況下の世の中との落差には相当な隔たりがあった。まさに軽井沢だけが別天地だったのである。

軽井沢町内の別荘の数は、昭和二（一九二六）年に、貸別荘も含めて六百九十六戸だったのが、六年には八百四十四戸に増え、八年には九百三戸、十年には千百九十四戸、十二年には千四百五十四戸と急増した。この数字だけを見れば、世の中は好況時だったに違いないと思えるほどだった。しかし、実際には逆で、世の中は不況であった。

昭和初期の日本は、ひとり活況を呈していた軽井沢の夏を除いては、暗い不況と、軍部の台頭、それに追随する軍需産業がジリジリと拡大していった時代であり、結果的には一つの不幸な時代であったが、その時代に生きていた人たち、浅地庄太郎たちにとっては、なんとか変化しつつある時代の風の方向を素早く読み取り、生き続けるための手立てを考えなければならない時代でもあった。

第六章　営業三人衆と庄太郎の結婚

◎――新しいビジネスチャンス・共同漁業

昭和初期の軍部の台頭は、明治期からの国策「富国強兵」が目に見えやすい「強兵」にばかり傾斜し、兵の増員、重装備化へと進み、政治への急接近で、やがて実質的に政治を動かす勢力を保つという形になっていく。

それは、時の流れであった。

軍部の台頭が、戦争、そして敗戦と、不幸な出来事を引き起こしたことは間違いのない歴史的な事実である。

だが、視点を変えて振り返れば、国策としての軍部の重装備化が、当時の産業構造の変化をうながし、家内工業的なところから出発した日本の多くの産業を、大規模化、工業化していったともいえる。産業の近代化が進んだわけで、いわゆる財閥は、この時期に、がっちりと基礎を固めている。産軍協力が、当時の日本経済の柱になっていたのである。

流れが変化しつつあると感じた経済人、産業人たちは、流れがどの方向に行くのかを先読みし、自分たちも、その方向へ比重をかけるようになる。それが常識であった。

産業団体の設立、中小企業を地域ごとに束ねる形の全国組織として日本商工会議所設立（昭和三＝一九二八年）、主に大企業を網羅した全国産業団体連合会の設立（同六年、現経済団体連合会の前身）があり、国策としての産業育成によって重要産業統制法（カルテル結成の助成）の公布、施行（同六年）などに応えて業界ごとの棲み分けが始まり、並行的に軍部の重装備化に組込まれる形の軍需産業が生まれ、そこに陽が当たるようになる。

昭和七年、産業界の、そんな状況下で、菊屋は、取引先の一つであった共同漁業（現日本水産の前身）に誘われ、共同漁業が自社系列の冷凍魚、主に冷凍海老を扱う食品販売会社として設立することになった「合同食品」に、一部、資本も提供する形で参加する。

資本も、という意味は、共同漁業側が熱望したのは、第一には、営業面で実績のある人材を提供してほしい、ということであったからだ。

菊屋の主人・羽田は、その人材として、浅地庄太郎に白羽の矢を立て、相談を受けた庄太郎は勇んで承諾する。庄太郎が勇んで受けたのは、事前に合同食品設立の動きを知っており、主人にもすでに動きについての情報は入れていたからである。「いよいよ始まるか」という高まる気持ちが働いていた。

庄太郎はそれより少し前、菊屋が、共同漁業が扱っていた輸入缶詰の取引の関係で、共同漁業の主任、木村鑛二郎《こうじろう》と知り合いになり、同年輩でもありすでに意気投合する仲になっていた。

「どんなに小さくとも、いずれは自分の店を持ち、商業、実業の世界で成功してみせる」

庄太郎がそう夢を語ると、木村も応じていった。

「オレは月給取りの世界にいていい。その世界で一流になり、天下に号令をかけてみせる」

そこには青雲の志が漲っていた。お互いに励まし合っていたのである（ちなみに、木村はその後、ニチレイの前身、日本冷蔵の社長になる）。

件の話は、その木村からすでにこう聞かされ、けしかけられていた。

「君がそこで働くようになれば、商売、経営の何たるかを身につける好機と思う」

だから庄太郎は、勇んでいた。

出向の形で、庄太郎の肩書は合同食品株式会社取締役（営業担当）であり、後には常務取締役になる。名目上の社長は共同漁業から出ていた。

取締役といっても合同食品は小さな会社で、しかも共同漁業の系列会社だが実態は、出入業者の寄せ集め的な会社であった。このため庄太郎は、そこで大いに苦労することになる。

合同食品で中心になって働いていたのは、庄太郎と同様に取締役の、主に生牡蠣を扱っていた関法之《せきのりゆき》、西洋野菜や冷凍魚を扱っていた牧野權一《ごんいち》であり、共同漁業側で協力したのは国司《くにし》浩助（日本トロール漁業の先駆として知られる）であった。

彼らは大いに働いたのだが、なかなか会社の業績は上がらなかった。というのは、もともとの設立過程に丼勘定的な要素があり、寄せ集められたものの中にはまじめに働かない社員もまじっていたからである。

会社設立の経過、動機には共同漁業側の事情が大きな要素を占めていた。

共同漁業は、もともと遠洋での魚労事業を〝水産日本〟の一つの柱にという国策的な目的から、農林省の肝入りで、それまであったいくつかの魚労会社を集めて設立された会社であった。しかし、その遠洋漁業、当初は苦しい立ち上がりであった。

近場の沿岸漁業には、昔からの中小零細漁師が、少し離れての近海漁業もまた大網元の許で同様に漁師が携わっていたが、この方は、それぞれの地元を主な消費地にし、当然ながら鮮魚が中心の商売で、それが伝統的な〝水産日本〟の姿であった。むろん、干物や漬け物としての加工、明治末期からは西洋から学んだ製缶技術のお陰で缶詰加工も始まってはいたが、魚はやはり鮮魚が中心であった。

そのため、造船技術の発達で中型船が建造され、冷凍技術を組入れた遠洋漁業が始まっても、冷凍魚は、当初、ほとんど商売にならなかったのだ。消費者は見向きもしなかった。

当時は、冷凍技術といっても現代の瞬間冷凍や解凍技術はまったくなく、氷を大量に使うか、せいぜい製氷と同時に冷凍魚も作ってしまうということで、いざ食べようと解凍すれば、どうしても形は崩れ鮮度は落ち、味も落ちたから、売れなかったのである。

辛うじて、比較的形が崩れず、食べ方としても揚げ物にできるなどの利点がある海老、東シナ海で大量に獲れる大正海老が冷凍魚として商売になる程度であった。

昭和に入って冷凍技術はかなり発達、流通段階や大量消費先、ホテル、大食堂を有する百貨店、レストランなどでの冷凍保存設備の充実もあり、鮭《さけ》、鯖《さば》などだけでなく、ようやく鰤《ぶり》や鱈《たら》などが一匹まるごとで冷凍魚として市場に出るようになる。タコ、イカなども冷凍保存が可能になっていた。

そこで、共同漁業は、冷凍魚を大衆商品に仕立て、流通ルートを開拓するために冷凍魚専門の販売会社、合同食品を設立した。

ところが、それまで共同漁業から魚介類を仕入れていた小規模零細の卸業者たちの中から、「親許に自分で系列の卸販売会社を作られてはオレたちが困る。オレたちも、その系列会社の仲間にしてくれ」という要求が出され、それを共同漁業が飲み、社名が合同という名前になったのであった。

しかし、単純な寄せ集めでは資金的にも営業的にも心もとない。そこで、共同漁業は、冷凍魚での関係はなかったが、輸入缶詰類での取引があり、経営的にはしっかりしていた菊屋などを勧誘、資本も出してほしいと会社設立に参加させた。

若い数え年二十八歳の庄太郎が、いきなり取締役となったことには、そういう事情があったからである。

合同食品の事務所は、魚介類の卸商仲間の中では目端の利く関が、自分の店、築地・小田原町の店の二階を提供、そこに置かれた。ただし、法規上の設立地は共同漁業本社と同じ大手町、つまり当時の農林省（現在の大手町合同庁舎あたり）の近くであった。

◎――合同食品三人衆の営業活動

合同食品の〝中軸三人衆〟、浅地庄太郎、関法之、牧野権一は、冷凍魚の売り込み先、大量消費先を求めて走り回った。

営業活動で売り込みが成功すれば、後は伝票一枚で、荷そのものを共同漁業が自社の冷凍倉庫から消費先までトラックなどで配達する仕組みだったから、この〝中間商社〟的な仲介業は、うまくいけば労少なくして儲かるはずであった。

だが、目論見通りにはいかなかった。

冷凍海老なら天麩羅《てんぷら》に最適だが、鮮魚優先の伝統的調理法にこだわる板前、コックなどの調理人たちは、冷凍と聞いただけで「信用できないから」と首を横に振った。

庄太郎が持っていた菊屋の営業ルートの料亭やレストランでは、拒否反応の方が強かった。明らかに菊屋が扱ってきた輸入食料品とは商品の信用度が違う。だからそれも無理はなかった。

関の場合は魚河岸仲間、そこからの街の魚介商ルートで少しはさばけた。しかし、そのルートも、やはり鮮魚優先が支配していて、すぐに頭打ちになった。

期待が持てる、なんとかなりそうなのは、牧野のルートだった。牧野が扱っていた西洋野菜の納入先の大量消費先に、軍部のルートがあったからだ。

牧野は、陸、海軍の両任官学校の食堂、近衛第一連隊、第二連隊麻布第三連隊などへの納入業者であった。そこでは、国策的な意義を持たせた上で、価格や供給量について上層部の実力者に説明して「わかった」と一言裁可をもらえれば、後はスムーズにことが運ぶ手順になっていた。

しかも、軍部の代金支払は、月末締めの翌月十五日払い。会計処理は国家会計であるからキチンとしていた。他の納入先と違って、納入後に支払の口約束が空中分解したり、三か月後払いや盆暮れ払いになったり、さらに間延びしてツケが貯まるといった心配は皆無であった。

庄太郎は、この軍関係の支払の確かさに「さすがはお上の軍隊だ」と感心する。

とはいっても、牧野のルートをたどる軍関係への売り込みが当初からスムーズにいったわけではなかった。二押しも三押しも必要で、糧秣担当者の移動があったりすると、また、改めて最初から売り込み工作を仕掛け、日参して嘆願、哀願も必要だった。粘りある働きかけが大事である。そうなれば、庄太郎の出番が多くなる。

三人衆の中で庄太郎に最も営業の才能があり、フルタイムを営業で駆け回った。

後の二人、関も牧野も、実は合同食品の役員で、庄太郎と一緒に売り込みに走り回ってはいたのだが、それはいわば〝副業〟で、二人には自分の〝本業〟があった。関は以前からの生牡蠣中心の築地魚河岸の出入商人であり、牧野は西洋野菜類を扱う神田中央市場の出入商人であった。本業が多忙なときは、合同食品の冷凍海老、冷凍魚の売り込みの営業がどうしてもおろそかになった。結果的に軍関係への二押し、三押しの役目は、成り行きで庄太郎に回ってくることになった。

いつもなら、他人のルートの仕事には熱が入らないものである。しかし庄太郎は、それもこれも同じ合同食品の仕事と割り切って、黙々と売り込みに精を出した。

関も牧野も、庄太郎よりも年配であったが、特に牧野は庄太郎の商才の奥にある、そんなまじめさ、律儀さを評価し、あるときは庄太郎を立て、後押しをした。牧野としては、自分が合同食品に十分にかかわれない分だけ庄太郎を大事にしたという面もある。同時に商才と人間的なまじめさを大いに認めていたのである。

その牧野権一は明治三十三（一九〇〇）年の生まれ、庄太郎より五歳半年上なのだが、なかなかにユニークな人物であった。

大阪の生まれで、旧制の一高、東京帝国大学と剣道で鳴らし、全国学生剣道連盟の創立委員もやった剛の者。しかし、大学を出た大正十四（一九二五）年は不況で、大学は出たものの、新しく誕生した学士の半数は就職できず、牧野も同様だった。そこで郷里に戻り、石炭商の番頭になったが、勤め人には向かないと自覚し、二年後には商売をやろうと上京。当時は郊外だった田端の仕舞た屋を借りて八百屋を始める。そのころ東京の野菜集荷場は白山の駒場にあり、田端界隈には住宅が増え出しており格好の立地だった。ところが集荷場は秋葉原に統合されて中央市場となった。牧野はしかたなく、仕入に毎日荷車を引いて通うことになる。それが新聞ダネになり、「学士様の新商売」と話題になった。しかし、そのことが東京帝大の同窓生、特に剣道部関係者を刺激し、「情けない。ケシカラン」と怒る者がいる一方で「新しい生き方だ。手助けしよう」という者が出てきた。〝小売屋〟ではなく〝納め屋〟になれ、と田端近くの鉄道関係の工場の食堂を紹介されたりする。それがやがて、学士会館、如水会館、東京会館、帝国ホテルなどのレストランへの納入業者へと発展する。さらに別の剣道部の先輩、軍部の司令で東京帝大の委託生となっていた先輩のツテで、海軍工廠《こうしょう》や近衛連隊へという具合に商売を広げていったのである。

東京帝大人脈が、牧野を盛り立てたのだ。

牧野が合同食品の取締役に名を連ねることになったのも、東京帝大人脈によるものだった。

共同漁業の初代社長は松崎壽三という人物で当時の農林省水産局長であったが、その長男・隆一と牧野は大学の同期で、共同漁業側がその関係から、冷凍魚も扱ってほしいと牧野に頼み込んだ経緯があった。むろん牧野の側にも、西洋野菜のほかに魚を扱ってもいいという計算はあった。

そのような背景のもと合同食品は始まり、営業活動もそれ相当のところまで広がっていく。

ところが〝三人衆〟以外の社員は、ほとんどが大会社である共同漁業へ頼り切っていた、いわばサラリーマンばかり。中にはまじめに働かない社員もいて、三年目ごろからは昼から事務所で酒を飲む者まで出る始末。もともとが出入業者救済の要素が濃かった寄せ集めのメンバーで、当初はそれぞれが関や牧野と同様に〝本業〟を持っていたのだが、そのうち〝本業〟不振で合同食品の〝食客〟的な存在になり下がる者まで出るようになった。そのくせ、いずれも小なりとはいえ一国一城の主を張った経歴のある者ばかり。「船頭多くして……」の状態で仲間意識も薄く、業績はそこそこでしかなかった。

そうした社員たちは、庄太郎ら〝三人衆〟が働くことでさらに怠惰になっていくようなところさえあった。

さすがの庄太郎も次第に愛想がつき、四年目ぐらいからは、合同食品の仕事を半分、菊屋へ戻っての仕事を半分という配分になり、特に夏場は合同食品の方の仕事が暇になるため、菊屋の軽井沢店で働いていた。むろん主人・羽田に実情を報告、了解を得た上でのことであった。

実際、合同食品の仕事は、一度営業活動がうまくいってルートができれば、配達、納入は共同漁業がやっていたから、その意味では手が抜けるのである。

合同食品での仕事は、結果的にいえば、庄太郎にとってあまり充実したものにはならなかった。小なりとはいえ、会社の役員として「商売の実務や経営の何たるかを学びつつ体験できそうだ」と張り切っていた当初の意気込みからいえば、かなりはぐらかされた感じとさえいえよう。

こうして合同食品は、数年後には解散することになる。

◎——花嫁・静江との結婚までのいきさつ

そんな仕事面とは逆に、庄太郎の私生活はこの時期、一気に充実した状態になった。「幸せいっぱい」であったのである。

結婚したのである。

庄太郎の結婚、挙式は、昭和八（一九三三）年一月二十五日、東京の東京万平ホテル（現在の千代田区平河町・都市センターあたり）で執り行われている。

浅地庄太郎は、このとき二十九歳。

花嫁、天野静江は二十五歳。明治四十一（一九〇八）年八月三日の生まれである。

挙式、披露宴が東京万平ホテルだったのは、もちろん夏の軽井沢での仲間〝人気三人男〟の一人、軽井沢万平ホテルの佐藤万平の息子・太郎との縁からであった。

明治二十七年に軽井沢で万平ホテルを開業した佐藤万平は、大正期に施設、従業員の充足をはかった後、昭和に入ると、夏以外のオフシーズンにも従業員が定着することを狙い、別に系列ホテルを建設する。昭和二年に熱海万平ホテル、翌年に東京万平ホテル、七年に八洲《やしま》ホテル、八年に名古屋万平ホテルと次々と開業していき、このとき、佐藤太郎は東京にいて広がったホテル業のために活躍中だった。

庄太郎と静江との出会いは、お見合いだったとされている。

確かにお互いが、結婚を意識した上で相手と顔を合わせたのはお見合いの席上であった。しかし、そのお見合いには、実は〝前段〟それも夏の軽井沢がらみのラブ・ロマンスがあった。

いや、〝前段〟の前に、さらに〝序段〟さえあった。

その〝序段〟とは、先に触れたように、菊屋・軽井沢店の大家に当たる佐藤家から、店で庄太郎とコンビを組んで働いていた、まじめ青年の森谷三郎に、佐藤家の縁筋の娘との結婚を条件に婿養子に入ってくれないかという話が持ち込まれ、その仲人役を庄太郎が務めた。その話が実際にまとまり、森谷三郎は、菊屋勤務のまま佐藤三郎になっていた。

森谷家は、長兄が東京・日本橋茅場町で不動産屋を営んでおり、佐藤家で嫁養女になる娘は、同じ日本橋にある商家の娘であったから、話はすぐにまとまったのだ。話が出たのが昭和六年の夏、翌七年の春早々には、まとまっている。

これが〝序段〟である。

この〝序段〟の話がまとまるに当たっては、三郎の妻女となった女性の姉、そう年齢の違わない既婚の姉が、妹に代わって三郎の品定めのために菊屋の丸の内店へ三、四度、様子を見にやってきていた。父母の話とは別に、姉妹同士、「どんな人かしら」「そうねぇ私、ちょっと行って見てきてあげる」と、そんなことだったのだろう。

ところが、この姉の方が最初の様子見のとき、三郎とは別に、庄太郎に目を止めたのだ。

〝胸のときめく男〟だったのだ。とはいえ自身は既婚の身、そこで自分の親しい幼友達で、まだ未婚であった娘を連れて再び菊屋へやってくる。「あなたに、どうかしら。ステキな男の方がいるのよ」ということになったのかどうかは定かではないが、そんなことが三度、四度と続くと、そういうことであったと考えて間違いはないだろう。

その幼友達にとっても、庄太郎は〝胸ときめく男〟であった。いってみれば、娘の方の一目惚れである。

つまりその幼友達、佐藤三郎の妻女の姉の友達、それが誰あろう、静江であった。

むろんそれはまだ、静江の秘めた思いでしかなかった。

昭和七（一九三二）年の初夏、静江は佐藤三郎夫妻の新婚生活ぶりを冷やかしに行くというくだんの姉の誘いに乗って、初めて軽井沢へやってくる。

菊屋・軽井沢店の〝戸開け〟直後に合わせての軽井沢行きであった。

あこがれの避暑地、軽井沢で見かける、長身でキビキビと身をこなし、外国人避暑客と気軽に英語で話す青年・庄太郎は、静江には実力のあるステキな男と映り、一層その思いをつのらせた。

三日程の滞在期間中に、何度も静江は菊屋・軽井沢店のテラスを訪れる。

そのころにはくだんの姉を介して紹介され、庄太郎も静江の切なる思いに気づいていた。

静江は、純日本的な顔立ちで性格はおとなしく、いつも和服姿だったが、テラスに客が立て混んできたときにはさりげなく、自分から進んで後かたづけを手伝ったりした。下町娘らしい気さくなところが、庄太郎にも好ましく映っていた。つい「妻にするならこんなタイプが……」と思いながら、静江を視線の片隅でとらえていたのだ。

しかしそのときには、それ以上のことは何も起きなかった。やがて軽井沢にいた庄太郎は、東京にいた主人の羽田如雲から手紙で「お見合いをすすめる。自分の知己からの紹介、依頼でもあるから、ここは私の顔を立てて、是非……」と、お見合い写真つきで見合いの場への出席を求められたのである。

なんと、同封写真は、静江だった。

静江は三人姉妹の次女だったが、くだんの姉の手助けも借り、両親を動かしたのである。

静江の父・天野四郎は、そのころ、日本橋・小網町の大きな酒問屋・小網商店の重役であった。天野家は、三菱財閥の本家・岩崎家の初期のころに使用人として仕えていたといわれる資産家で、当主は、酒問屋経営陣の一人であると同時に、株の売買も手がけ、また漢文、漢詩などにも造詣の深い教養人でもあった。その時代には先進的文化人の一人で、大正リベラルを愛していたから、娘の熱い願いにも耳を傾け、それなりの布石を打ち、お膳立てをしたのであった。

当時の世の中の常識、感覚からいえば、日本橋に居を構え、卸問屋の経営をしていた天野家の娘の結婚相手として、石川県金沢出身の菊屋の従業員、浅地庄太郎は、いわば格落ちであった。しかし、天野家の当主は、そのことをまったく気にしなかった。「娘の願いを叶えてやる、それが親の務め」と考えていて、静江だけでなく、三人の娘たちを、いずれも家柄や格式にとらわれず、むしろ相手となる男性本人の資質を重視し、前途有為な若者に嫁がせている。

やがて義父となる人がそういう人物であったことは、庄太郎にとっては有難く、幸せなことであった。

菊屋の主人・羽田も、相手がいわば同業の小網商店の重役の娘とあれば、喜んで、庄太郎にお見合いをすすめる立場であった。

これが、〝前段〟のいきさつである。

結婚披露宴は、双方の業界関係者も加わり、当時としては盛大なものであった。

当日の会場で、庄太郎は郷里・金沢から上京した母の手をとり、結婚が父の死の後になったことを悔やみながらも、涙を流しながら喜んでいる母を見て、少しは親孝行ができたような気がしていた。

新婚の二人は、主人・羽田の、「住まいの心配はするな」の一言に従い、赤坂の羽田家の本宅の敷地内、従業員用の別棟に所帯を構えた。

そして、昭和八年十二月十八日、第一子、長女・恭子が、無事、誕生。

恭子は、泣き声の大きい、元気な赤ん坊であった。

◎――大戦前の胸騒ぎがする時代の変化

合同食品は、経過的に見れば〝流れ解散〟となった。

実務面での仕事、新しい営業活動だけでなく、継続的な仕事も次第になくなっていき、用がないから事務所に誰も顔を出さなくなる。もともとが寄せ集め的な会社で、ほとんどの人が別に〝本業〟を持っていたから、それぞれが〝本業〟に戻っただけともいえた。

庄太郎の場合も、出向の立場が次第にあいまいになって、〝本業〟の菊屋の仕事に戻っていた。

合同食品での継続的な仕事がなくなったのは、親会社である共同漁業の冷凍魚の扱いについての方針が変更され、商品の流通ルートが他に移ったからである。冷凍魚を売る専門会社として設立された合同食品の当初の目的、広い意味の消費者向けＰＲはすでに達成されたので、今後は別のルート、整備され充実しつつあった中央卸売市場を通じて売れる見通しがついた。その方が配達コストも含め効率がいいと共同漁業側が判断したのである。

庄太郎は、合同食品の解散については、やや残念な気もしていたが、菊屋以外の別の商売の世界を知ったこと、多くの人が商売のチャンスを狙ってうごめいていることを肌で感じることができたことなど収穫もあり、今後の自分の人生にとって大きな糧になると信じていた。

同時に、時代の空気に次第に緊張感と振動が生じ、軍部の台頭で、どうやら中国大陸あたりで戦争が起きそうな気配もあった。しかし世の中が揺れ動く、そんなときこそ新しいビジネス・チャンス、自分が独立して何か商売を始めるチャンスがあるかもしれないとも考えていた。

時代の流れが国威高揚、洋風排斥になって、輸入食料品を売り物にしていた菊屋の商売に、少しずつ陰りが見えるようになっていたことも、庄太郎の意識の片隅に暗い陰を落としていた。

菊屋の店頭の売れ行きが急に鈍ったわけではないが、長く続いていた輸入品を持てはやす雰囲気が冷え込んでいくのを、庄太郎は肌で感じとっていた。夏の軽井沢ではそんなことはなかったのだが、東京では次第に輸入品を冷めたい目で見る雰囲気が世間に出はじめていたのである。

〝贅沢は敵だ〟が、次第に、過敏なほどに口にされるようになっていった。これでは、菊屋の商売はやりにくくなる。

そんなとき、思いがけず、合同食品で仲間だった牧野権一から、「一つ、自分たちで新しい仕事をやらないか」と声がかかる。

「これまではなかった商売で、軍需工場が相手なんだが、これまでの自分たちがやってきた商売のルートを生かして出来る仕事だし、結構儲かりそうなんだ」

詳しく話を聞くために、庄太郎は合同食品時代の〝中軸三人衆〟、牧野ともう一人の関法之とで会うことにする。

戦時色が色濃くなる昭和十三（一九三八）年の春のことであった。

第七章　日本栄養食での働きと戦時下の家族への想い

◎――新天地・日本栄養食での活躍

昭和十三（一九三八）年は、浅地庄太郎にとって一つの転機の年になっている。私生活では長男・正一が二月二十五日に無事誕生した。そして九月、牧野權一の誘いに乗って新しい会社「日本栄養食株式会社」の設立に参加し、出資もして代表取締役になった。

日本栄養食は給食を請負って提供する会社である。工場などに炊事場を設け、そこで調理して弁当を作る。〝弁当屋〟であるが、今風にいえば社員食堂の受託経営である。

西洋野菜類を学士会館や東京会館、軍関係の工場などの食堂に納入する仕事をしていた牧野が、ある中堅の軍需工場の経営者から、「材料を入れるだけでなくて、いっそのこと、食堂を丸ごと任せるから経営してもらえないだろうか。ただし品数はいらない。昼食用の弁当だけでいいんだ」そう持ちかけられたのがきっかけだった。

熱心に頼み込まれ、調理場も炊事のための人手も提供するというのでやってみる気になった。おっかなびっくりで始めたところ、その弁当が「うまい」と従業員の間で評判になった。すると、一か月ほどして、似たような規模のほかの工場からも、「うちでもやってくれ」という話がきた。そこで牧野は、合同食品時代の〝三人衆〟に声をかけたのである。

当時、食べ物、食品の栄養価のことが盛んにいわれ出しており、カロリー計算のことなどが新聞紙上や婦人雑誌の紙面で取り上げられ、まだ義務づけられてはいなかったが、一定規模以上のレストランや食堂、工場内の食堂などでも栄養計算のできる専門家、栄養士が常駐した方が望ましいといわれるようになっていた。昭和十三年一月十一日に内務省から分れる形で厚生省が設置され、衛生重視、栄養重視が声高にいわれる時代になっていたのである。

一方、工場の経営者たちには別の理由があった。労働運動が燃え盛り、従業員たちの側から、会社が給食を提供することや、給食内容の改善を求める声が上がっていた。従来からの〝炊事のおばちゃん〟たち任せでは工場内食堂がやりにくくなっていた。そんな事情で、給食の請負い需要が起こったのである。新会社の社名(日本栄養食)は、そうした時代背景を的確につかんだものといえた。

牧野はいう。

「世の中、戦争気分になってきていて、時代が動くというか、そんな感じだった。……合同食品が、登記上は残ったが実際には解散してしまった後も、私は親会社の共同漁業に、『お前は残れ』といわれて、魚河岸関係とは別に、自分が西洋野菜を納入している学士会館などのレストランや食堂に、まだ冷凍魚を納める仕事もしていたんだ。そのときに〝給食〟の話が出て、これは儲かりそうだが、本格的にやるには一人じゃあ無理だし、と考えて浅地君や関君を誘ったんだ。外交（営業）は、やっぱり浅地君の才能が必要、弁当作りには魚が必要で、それは関君がお手のもの。私は野菜が得意と、そんなことを考えたんだ。

……ちゃんと会社を作ってやろうとしたのはいいんだが、関君は別にして、浅地君も私もスカンピン、いざとなるとカネがない。だから浅地君も私も、最初は借金したんだ。だけど、儲かって、半年ぐらいで綺麗に返し、ずうっと二割配当をしていたね。……面白い商売だったよ」

会社の資本金は十万円。関法之が四万円、浅地庄太郎と牧野權一が各三万円を出資することになり、庄太郎は事情を話し、金沢の親戚、石黒家（父・伊三郎が勤めたことがあり、弟・多吉が勤める石黒伝六商店を経営。当時）から借金をする。菊屋の主人・羽田如雲も、話を聞いて「私が出そう」といってくれたが、自分が独立するという自覚と責任を明らかにするためと考え、庄太郎は石黒家に借金を願い、金沢へも足を運んでいる。

牧野の方は、このとき、借金を申し込んだ相手、大学で同期だった松崎隆一（共同漁業の社長の子息）に、「オレも株主にしてくれ」と頼まれて、松崎と二人で三万円、各一万五千円ずつの出資という形になった。

関、庄太郎、牧野の三人がともに代表取締役で、松崎は取締役だったが、実際には、関や牧野は依然として自分の本業、関は〝牡蠣屋〟兼〝魚屋〟、牧野は〝納め屋〟を続けていた。毎日の仕事のうち、材料の仕入は関や牧野が本業と兼ねて担当し、その仕入のための献立の作成、各現場、工場などの炊事場への配送手配、そして営業活動の締めくくり、集金などの総指揮的なことは庄太郎が受持っていた。

何人かの人を雇い入れ、各現場を回る指導員を置いたが、彼らを統括する立場の人間として、牧野の大学の後輩、田中定二が入った。すぐに総支配人の肩書が与えられ、各現場のことは庄太郎のもとで田中が担当した。

これが縁で田中は戦後、再び庄太郎と組んで仕事をするようになるのだが、それはまだ先のことになる。

田中は、当時失業していたところを救われたので熱心に働いた。

田中は、庄太郎より一つ年下、明治三十九（一九〇六）年の愛知県豊橋市生まれ、日本栄養食に入ったときは三十三歳だった。第八高等学校（旧制）、東京帝大を出て、東京・成蹊高等学校、青森・東奥義塾の教師をしながら歌人（短歌）としても名が知られはじめていたが、農民運動を応援していたため反政府的だとしてにらまれ、前年の第一次人民戦線事件がらみ（昭和十二年十二月十五日、山川均ら労農派が全国で四百人余検挙される）で職場を辞めさせられていた。そこで大学時代の剣道部仲間を頼り、牧野に「学校の先生をやっていたなんていうプライドはカケラも役に立たんよ。何でもやるかい。それなら手伝え」といわれて栄養食へ入社したのである。

人民戦線事件などが起きたのは、当時は、日華事変が起き、反戦的な言動が次第に政府の中枢に座りつつあった軍部の意向で押さえ込まれ出していたからだった。近衛文麿内閣のもとで「日独伊防共協定」締結（昭和十二年十一月六日）、大本営設置（同年十一月二十日）と続き、反戦の動きを封じる同志社大学事件（同年八月十二日）、矢内原忠雄東大教授筆禍事件（同年十二月一日）などが起きていたのである。

栄養食の仕事は、〝給食〟とはいっても昼食用の弁当だけ。当初は各現場の炊事場と炊事スタッフはその現場の会社や工場に提供してもらったから、具体的には〝材料提供ぐるみの炊事指導〟となる。事前にほぼ一か月分の昼食の献立を、栄養計算とカロリー計算をして作成し、それに合わせて材料を仕込んで届け、炊事上、衛生上の指導、監督をするのである。

外交（営業）の庄太郎の手腕発揮第一号の大型契約は、川崎・新子安の日産自動車の工場からの受注であった。大量受注だったので庄太郎らはてんてこ舞いをする。魚関係は関の店が、野菜関係は牧野の店が栄養食に納入していたから、関も牧野も大車輪で働いた。関の店では、一〇〇グラムずつの魚の切り身を作るため、中央市場の仕事を終えた仲買人たちまでが仕事を手伝いに来ていた。

新会社・日本栄養食株式会社の事務所は、その関の店、築地・小田原町の店の二階に置かれていた。合同食品の事務所があった、その同じ部屋である。

◎──給食業のため栄養や調理の勉強にも意欲

日本栄養食を始めるために、庄太郎らは、それなりに栄養や調理の勉強をしている。

本を読むだけでなく、栄養食に強いといわれていた人たちを直接訪問し、教えを乞い、〝弁当作り〟に当たっては実際にどういう点に注意をし、どんな弁当を作ったらいいのかを考えてもらったりした。

多くの人を訪ねたが、最も世話になり、また喜んで面倒を見てくれて会社の発足当初から実質的に「指導顧問」役を引き受けてくれたのは、東京警視庁工場課の土屋課員であった。内務官僚のいかついイメージはまったくなく、親切で日ごろから真剣に食生活改善運動に取り組んでいる、その道では熱心な啓蒙家として知られていた人物であった。工場課は、工場などの衛生面の指導を担当する部署で、いわば現在の保健所のような仕事をしていて、同時に、土屋個人が栄養士の資格を持っており、食生活改善運動にも取り組んでいた。

当初の献立の基本は、彼の考えを下敷きにして始めた。

庄太郎らは、営業活動のときに「警視庁の土屋課員が会社の実質的な顧問役で……」という点にそれとなく触れ、それは一つの決め手になっていた。

庄太郎らは、土屋課員に「実際に、会社に栄養士を雇って常駐してもらい、指導してもらいたいが、誰かいませんか」と持ちかけ、情報を得て、上條某という体の大きい栄養士を雇い入れていたから「警視庁の土屋課員が実質的な顧問で」というのも必ずしも的はずれではない。

上條は、佐伯栄養学校第一回卒業生で、土屋課員とは親しく、当時は板橋にあった共同炊事を指導していた。その共同炊事場には牧野が何度か西洋野菜を納入していたから、土屋課員に上條を推薦されて、牧野は名前と顔が一致、「よしっ、上條さんを引っ張ってこよう」となったのである。

佐伯栄養学校は、医学博士で、国立栄養研究所の初代所長だった佐伯矩《ただす》博士が、大正十三(一九二四)年に創立した学校で、栄養という分野を専門にした日本で初めての学校である。上條は、そこの優秀な卒業生であった。

共同炊事とは、自力では社員食堂を持てない中小の工場、事業所などが、少しずつ出資しあい、従業員用の昼食、弁当を作らせる、つまり、給食のことで、そういう共同炊事を国策的なものとして推奨、当時東京では警視庁が指導・監督を担当していた。

そもそもの給食、共同炊事は、大正二年愛知県下の織物工場街で始まったといわれている。蚕糸、織物業が急成長した時期で、工場主たちによる女工争奪戦があり、寮での朝夕の食事のほかに「うちは昼の弁当も旨いものを食べさせる」という工場が出現、それで引き抜きなどのもめ事が起きたりしているうちに、「この地域の工場では、どこでも同じ弁当を食べさせることにしよう」と〝共同炊事〟の発想が生まれたのだという。特に地場産業的な町工場が多い地域に普及した。例えば埼玉・川口の鋳物工場地域、東京・蒲田の金属加工工場地域などには小規模な共同炊事場と呼ばれるところが何か所かあった。

しかしその当時は、昼食用の弁当を各自が自宅から弁当箱に詰めて持ってくるのが常識で、実際に共同炊事が盛んになるのは昭和十年代に入ってからのことで、「三度の食事は栄養のことを考えて」という佐伯博士らの運動が盛り上がり、世間的に日常の食事への関心が高まっていたからであった。

列車食堂の老舗、日本食堂（後のＪＲ東日本フーズ・旧社名の前身）の創立、開業も昭和十三（一九三八）年九月であることを考え合わせると、給食の大量提供は、そのころから始まったと見ることができよう。

ちなみに、学校給食は、昭和七年、不況と凶作で昼の弁当を持ってこれない、場合によっては朝食さえもとらずに登校する欠食児童が増大したため、実施されたのが最初である。

給食の弁当を提供する、〝共同炊事〟を請負う専門会社・日本栄養食は、顧客対象を一定規模以上の工場に絞ったことが奏功し、また大量仕入れ、大量提供することが配送コスト、製造コストの面でも利幅を確保することにつながっていたため、結構儲かった。

日本で最初の専門会社であったかどうかは定かではないが、時代の流れを先取りした形であったことは確かで、先発業者としての収益を着実にものにしていたといえよう。

当時は、日本の製造業が規模の拡大を目指していた時期であり、次第に色濃くなる軍需産業的な工場の増加も、日本栄養食には有利に働いた。その分だけ、代金回収、集金も順調だった。

もっとも、その代金回収、集金の方法については、庄太郎の発案で当初から厳しい条件をつけた、そのことも有効に働いていた。

庄太郎は、合同食品時代に軍関係との取引で体験、学んだ代金回収、集金の条件を応用、代金回収日を月二回と小刻みにし、別に、仕事を始める前に、材料仕入代金として半月分を前納してもらうことを契約条件に入れたのである。つまり、工場側の支払が大きくならないように工夫し、仕事は前金をもらってからやる、ということで、貸倒れの心配がなくなった。

そのため、またたく間に、設立時に借りた借金が完済できたという。

◎――大きな戦争へ向う気運のなかでの働き

日本栄養食の事務所は、業績順調で独立することになり、深川・牡丹町へ移る。

隅田川を永代橋で渡り、門前仲町の手前から月島方向へ行ってすぐの堀川に面した建物、関と同様に〝牡蠣屋〟をやっていた竹内某が事業に失敗、空家になっていたところを借り上げた。

次いで、魚河岸が近い方がいいということで築地へ移転。築地の西本願寺の西門を出てすぐの路地の入口、元寿司屋の三階建ての木造の建物が売りに出ていたので、今度は現金でポンと買った。

そこなら、魚河岸が近いだけでなく、小田原町の最初に事務所を開いた関の店も近く、好都合だった。

戦争の足音が近づく中で、軍需関連工場の労働力確保は至上命題の一つとなり、栄養食など給食会社にはコメの配給なども特別に確保され、庄太郎たちの事業は順調であった。いやむしろ、統制下にあったことで顧客である各工場側からは従来以上に頼りにされることになっていったという方が当たっていよう。

やがて、日本栄養食の仕事は北陸、中部、関西、中国地方へと全国的な展開を見せはじめる。主に軍需工場が地方分散することに並行してであった。


「……時運に乗りまして、北陸にも進出し、小松製作所、同粟津工場、敦賀、七尾の報国造船、高岡の日本ソーダなどで給食しました。……一番多く食事を出したときは、一日十五万食でありました。戦争で事業が拡張したもので、……金沢の尾張町に事務所を持っていたころです。……」（昭和五十一年、金沢商業学校での講演より）

かなりの急拡大であり、東京以外のところでの事業展開には、それなりの準備作業と人手の確保が必要で、幹部たちは多忙を極めた。特に営業担当の庄太郎はてんてこ舞いをした。地方で仕事を始める場合、その地で弁当作りをするための材料仕入ルートの確保、それらの配送、運営、炊事現場での指導管理を誰にやらせるか、それを決め、ルーチンワーク化するまでが大変であった。

北陸方面での拡張は、むろん、庄太郎の金沢出身という地縁人脈によるものだったが、昭和十六（一九四一）年に入ると、関西方面から、「うちでもやってくれ」と要請が数多く寄せられた。そのほとんどは大阪出身の牧野の人脈から来たもので、その中には関西に置かれていた軍関係の工場から「交渉には牧野が来るように」と指名したものさえあった。

そこで、浅地庄太郎、開法之、牧野權一《ごんいち》が協議し、牧野は関西以西を地盤に独立することになる。

そのころ牧野は、すでに〝本業〟の〝納め屋〟の仕事は配下の者に任せ、自分は栄養食の仕事の方に熱を入れだし、心の底で「できれば自分は発展的に独立して仕事をしたい」と考えていた。このため三者協議の席で、関西別会社方式を主張したのだった。

こうして牧野ほ、昭和十六年六月、独立して「日本国民食株式会社」を設立、営業地盤を関西に置いた。これが現存する現在の社員食堂の受託経営専業大手、ニッコクトラストの前身である（平成四年二月商号変更）。

〝商売のうまみ〟を覚えた幹部社員の中にも独立、あるいは他社へ移る者もあり、田中定二も昭和十七年の暮れから日本建鐵の給食課長になっている。

牧野らは抜けたが、庄太郎と関は、その後の太平洋戦争が始まってからも、栄養食の仕事を続けている。

その仕事が、いわゆる戦時下の〝国家総動員体制〟に欠かせないという意味と、栄養、保健・衛生面での重要な立場を担うという意味で、庄太郎は昭和十六年十二月から厚生省栄養審議会委員と警視庁嘱託に同時に任命されている（終戦時まで）。

次第に国策に沿って軍需工場の系統的な分散、地方疎開なども行われはじめていたから、従業員確保のための〝給食〟は必須で、庄太郎たちの仕事は、東京が大空襲を受け（昭和二十年三月九日）、実質的に産業も、経済も行政すらもが円滑に機能しなくなり、工場も稼動したりしなかったりする、そんな時期まで続けられたのである。

◎──戦時下に建てられた川崎・中原の一戸建て自宅

太平洋戦争の始まった年、昭和十六（一九四一）年に、庄太郎は念願だった自分の家、一戸建ての家を建てた。

場所は、神奈川県川崎市・中原。当時はまだ畑が広がっていて、点々と建っている農家では鶏やアヒルの鳴き声がする自然環境が豊かな場所に建てたのである。

庄太郎にとって、自分の家を持つ意味は大きかったが、中原の地を選んだのには別の意味もあった。家族を東京に置かずに〝疎開〟させておこう、と考えたのだ。自分の働き場所、東京の中心部への通勤圏で、なおかつ疎開の目的が達せられるところと考えたわけである。

というのは、昭和十年代に入ると戦争気運が高まり、国民の心得として〝防空〟の徹底が政府の方針として打ち出された。

庄太郎は仕事を通じて政府関係、軍関係の戦争準備への動きを察知していたから、マイホームを建てても、すぐ空襲に遭うようではたまらないと考え、東京とは多摩川を間に挟む形になる川崎・中原を選んだのである。

もう一つの理由は、通勤の便。日本栄養食の事務所がある築地まで、東横線で渋谷へ出て、そこから地下鉄で銀座まで行き、後は市電かあるいは徒歩というコースがとれるように計算したのである。

渋谷からの地下鉄が銀座〜日本橋〜神田を一本の線で結んだことで東横線沿線の宅地開発が何度目かの活況にわいていた、それも庄太郎に中原地区を注目させた一因である。

庄太郎の川崎・中原の自宅が完成し新居へ入居できたのは十二月に入ってからである。ちょうど太平洋戦争が開戦した、その時期と重なっている。

結果的に中原の家は〝疎開〟の形で使われることはなかったが、幸い空襲には遭わなかった。

新しい会社を興し、その経営は順調、そして自分の家を初めて建てた庄太郎は、胸を張って翌春、母・すずを新居へ招待している。

◎——空襲から家族を守った疎開地・軽井沢

家族思いの庄太郎は、結婚したその年から、暑い夏は家族は避暑地で過ごさせる方針を実行している。

自身が菊屋の夏の軽井沢で仕事をし、外国人や上流階層の人たちの避暑地生活を見聞、いずれは自分もあのような暮らし方をしようと思っていた。夏の東京で仕事をしていると、やはり涼しい軽井沢が恋しくなる、そんな体験からも、それを実行したのである。

長女・恭子が生まれたころは軽井沢の小さな貸別荘を借り、一時はそこから菊屋の軽井沢店へ通い「菊屋の浅地さんは大したものだ。自分で別荘を借りて家族を住まわせ、そこから仕事に通っている」と評判になったこともあった。

日本栄養食の仕事を初めてからは、菊屋を離れたため、千葉、房州の岩井に宿をとり、海へと避暑地を変えている。しかし、山と海、軽井沢と岩井海岸では状況がまったく違った。庄太郎にとって、岩井は涼しさが感じられないのだ。なるほど海からの風は涼しげに吹くし、泳ぎもできる。ところが、軽井沢のように、空気が涼しさを感じさせるということはなかった。それにやはり、勝手知った軽井沢が恋しく思われる。

そのため、岩井での避暑は二年でやめ、翌昭和十五（一九四〇）年からは再び軽井沢へ戻った。今度は友人である万平ホテルの佐藤太郎に相談したところ、「なあに心配することないよ。うちのコテージを一つ貸してやるよ」となった。以後、万平ホテルの敷地内に点在する山小屋風の小さな貸別荘の一つ、そこが〝浅地家の避暑地〟になった。昭和十九年、「東京は完全に米軍機の空襲に狙われている」となったころからは、〝浅地家の疎開先〟にもなった。

「軽井沢には、避暑とは別の米軍機の空襲を避ける目的で、東京や都市部の外国人たちが別荘へ疎開してきている。彼らは、秋になっても〝戸閉め〟をするどころか、冬ごもりのためにストーブを取りつけ、薪を別荘の周囲に積み出している。……だから軽井沢は敵機の目標外だ。空襲はない。安全地帯だ」

そんなホンネをまじえたウワサ話が流れていた。庄太郎としても、なるほどと納得できる話であったから、早めに家族を軽井沢へ疎開させたのである。

記録によれば、米軍機による日本への「本土初空襲」は太平洋戦争の開戦から半年も経っていない昭和十七年四月十八日夜、東京、名古屋などへ、米軍の航空母艦ホーネットから飛び立ったB25、十六機が来襲とあるから、かなり早い時期から日本列島は空襲の危険にさらされていたのである。

そんな状況が続き、庄太郎は、その昭和十九年の夏の避暑のときから家族を軽井沢へ住まわせている。

子どもたちは、その年の秋、二学期から、東京の田園調布国民学校から軽井沢国民学校へ転校。恭子は五年生、正一は一年生であった。

庄太郎は、なぜか不思議に強運で、東京大空襲の夜はいずれも東京にいなかった。空襲は、仕事を早めに切り上げ、ようやく軽井沢の家族のもとにたどり着いたころに始まるのだ。昭和十九年十一月二十四日も、二十年の三月十四日も、さらに続いた四月十三日、五月二十五日のときにも、そうだった。いずれも曜日は金曜日で、終戦の日は、万平ホテルで天皇陛下のお言葉をＮＨＫの放送で聞いた。同ホテルの佐藤万平社長とその家族、鮎川義介（日産コンツェルン創始者）の一家、濱口儀兵衛（ヤマサ醤油創業者）一家の人たちも一緒で、放送に耳を傾けていた。

第八章　終戦直後に進駐したＧＨＱの光と影

◎──終戦直後の対進駐軍設営委員会からの〝招集〟

終戦直後の昭和二十（一九四五）年八月二十一日、浅地庄太郎は、たった一人で、軽井沢の家族のもとを離れ、川崎・中原の自宅へ戻った。妻の静江が、残り少なくなっていたコメを炊いて作ってくれたおにぎりを持ってである。

翌日、横浜の神奈川県庁へ出頭しなければならなかった。

前日の二十日夜、軽井沢の万平ホテルのコテージに疎開していた庄太郎に、「日本政府、内閣からの〝召集〟と思ってほしい」という外務省の対進駐軍設営委員会担当官と名乗る男から電話が入ったのである。「浅地さんの名前が上がったのは帝国ホテルの犬丸さんからです」とその男はつけ加えた。

「犬丸さんからの〝召集〟では行かないわけにはいかない」と庄太郎は思った。帝国ホテルの当時の支配人・犬丸徹三氏には、菊屋に勤めていたころから目をかけてもらい、合同食品時代もまた世話になっていただけでなく、犬丸は庄太郎にとっては郷里・石川県の大先輩でもあったからである。

犬丸徹三は明治二十（一八八七）年石川県小松市の生まれ。東京高商（現一橋大学）卒業後、満鉄ヤマトホテルに入り、欧米ホテル業の実習に出た後、大正八年帝国ホテルに副支配人として迎えられていた。フランク・ロイド・ライトが設計した帝国ホテルが完成し、建物が関東大震災にもほとんど無傷で耐えたころには支配人になっていた。犬丸は料理にも気を配り、一日に何度も調理場に降りていたから、庄太郎は菊屋の縁で面識を得たときに、「そうか、郷里は金沢か」と声をかけられるようになった。庄太郎の方も、必ず年始の挨拶には出向く郷里の先輩という関係になっていた。

対進駐軍設営委員会と聞いて、庄太郎にはおよその見当はついた。進駐してくる米軍用の給食をやれということだろう。しかし、空襲でメチャクチャになった東京で食料を確保するのは大変だ、まして彼らはパン食と考えると頭が痛かった。しかし断るわけにも逃げ出すわけにもいかない。とにかく出頭だけはしなければ、と考えながら中原の自宅へ戻ったのだった。

庄太郎は後で知るのだが、そのころ犬丸徹三は、ほとんど徹夜で多忙を極めていた。

帝国ホテルには、戦時中から外務省と大東亜省専用の部屋がいくつか確保され、終戦直前には外相兼大東亜相の東條茂徳、その後を引き継ぐことになる重光葵（八月十七日に成立した終戦管理内閣・東久邇宮稔彦内閣で外相）、外務省情報部長岡崎勝男ら十数人が寝泊りしていた。戦時中は政府の対外的な仕事のため、戦争終結前後には戦後処理の方法を考え、検討するためである。

八月二十日、犬丸は岡崎の部屋に呼ばれる。岡崎は大本営の陸軍高官とともに、十八日、フィリピンのマニラに飛び、その地に置かれていた対日攻略の連合国軍総司令部と日本の降伏に伴う諸手続き、特に連合国軍の日本進駐についての事前協議を行って、その日に帰国したばかりだった。犬丸はその部屋で、岡崎から、外務省からの正式依頼として、次のような〝司令〟を受けた。

「連合国軍最高司令官ダグラス・マッカーサー元帥が、来る八月二十六日、空路、神奈川県厚木飛行場に到着する予定であるが、続いて配下のサザーランド参謀長ら将官十五名、士官六百名、兵士三千二百名も進駐してくる。彼らの宿舎を設営しなければならない。この重大任務を帝国ホテル支配人たる犬丸徹三に是非ともお願いしたい。……それより二日前には、その受け入れの事前準備のため、進駐軍の十数名の士官、庶務兵士が同様に厚木へ飛来し、神奈川県庁に設置することになった連合国軍駐留軍司令部へ入るが、その方の宿舎の手配もまた……」

進駐軍の最初の駐屯地は、空襲で焼土となった帝都・東京を避けて横浜とすることでの事前合意はしてあるということだった。その〝指令〟を受けた瞬間から、犬丸の徹夜の奮闘が始まったのである。

間もなく政府は、内閣直属の駐留軍対策を扱う「設営委員会（当初の責任者は東久邇宮内閣で国務相を引き受けていた近衛文麿であった）を設置したが、宿舎の手配などの実務の現場は、犬丸ら民間人や神奈川県外事課任せであった。

犬丸はマッカーサー元帥の宿舎設営に神経を使い、ようやく当主が〝不在（戦時中に帰国）〟であった横浜市内のスタンダード石油支配人の邸宅を政府の手で〝接収〟する。こじんまりとした邸宅だったが、カーテンや敷物は新品に取替え、ベッドや家具、食器類は帝国ホテルから運び込んだ。戦災を免れた横浜のホテル・ニューグランドも〝接収〟し、二階全フロアは元帥用とした。マッカーサー元帥の日本への飛来は当初よりも四日遅くなり、そのことが犬丸たちの事前準備には幸いした。

八月二十八日、日本への進駐軍の先遣隊が厚木に進駐。

同日、ただちに横浜（神奈川県庁）に連合国総司令部（ＧＨＱ：General Headquarters of the Supreme Commander for the Allied Powers）が設置された。

三十日、連合国最高指令官であり、米太平洋陸軍司令官兼務であるマ元帥が、コーンパイプをくわえた姿で厚木飛行場に到着し、ＧＨＱに入った。

九月二日、東京湾に浮かぶ米国戦艦ミズリー号上で、日本は「降伏文書」に調印（全権大使・重光葵、梅津美治郎）。ただちにＧＨＱは指令第一号を発令、日本陸海軍解体、軍需工業停止を命じた。

九月十一日、マ元帥、初めて東京へ。米大使館での東京進駐式に出席後、帝国ホテルでサ参謀長ら将官四十人余と昼食を共にした。

その直前、犬丸は、直接、マ元帥に「食事までまだ四十分ある。支配人、その間に東京を案内してくれ」と声をかけられ、元帥の乗用車に同乗する。マ元帥の車は、丸の内から大手町、日本橋、神田、本郷の東大構内、春日町、皇居前、永田町、霞が関を回ったが、その車の中で、マ元帥は、風格のある第一生命本社ビル（旧）に目をつけ、東京進駐の際のＧＨＱは、そこに決めたといわれている。

同日、ＧＨＱは東條英機元首相ら三十九名の戦犯容疑者の逮捕を命令。

十五日、ＧＨＱ、東京・日比谷の第一生命本社ビルを接収、移転（昭和二十七年の対日講話条約発効まで置かれていた）。やがて、マ元帥の宿舎は虎ノ門のアメリカ大使館内に代わった。

十月に入ると、東久邇宮内閣は総辞職し、代わって幣原喜重郎内閣が成立した。

連合軍、実質は米軍の日本進駐は、こうして、あわただしく行われたが、庄太郎も、そのあわただしさに追われていた。

庄太郎が内閣の設営委員会に呼ばれたのは、むろん、犬丸の推薦があったからだが、それだけではなかったろう。委員会のメンバーには近衛以下の当時の政府要人、事務方には軍関係者も入っており、彼らから見ても、庄太郎は給食担当として適任と判断されたと見るべきである。菊屋時代の〝軽井沢人脈〟、合同食品、日本栄養食時代の実業界や軍関係者とのかかわりが、ここで戦後処理の〝国家事業〟の第一歩に「浅地庄太郎を抜擢、参画させても大丈夫」という判断をさせたといえるからだ。

庄太郎自身は直接関知し得ないいきさつであったが、急転回を必要とする事態の中で、得難い人材として庄太郎に白羽の矢が立った。

八月二十二日に、神奈川県庁に出向いた庄太郎は、進駐してくる米軍の、百名の士官、三千二百名の兵士への給食担当を命じられ、設営委員会所属の専門委員に任命された。

具体的な仕事については、当面、連合国軍の進駐がどう行われるかが不詳のため、進駐軍の先遣隊が来てから「彼らの注文に最大限応じるように」とされ、それまでは、関連する駐屯用の宿舎の確保、つまり、犬丸の仕事を手伝う形で走り回ることになった。

◎――日本人を庇った巧妙なＧＨＱ〝接収〟役

庄太郎は終戦直後、政府に〝召集〟され、数え年四十一歳で大きな人生の転機にあったころのことを、後年、次のように述懐している。

「……私は、内閣の設営委員会に呼ばれて、横浜の神奈川県庁の二階で会議をした。その会議には有末精三中将や偉い外交官などが出席しており、アメリカから『いよいよ占領を始めるから、その準備行動をしてくれ』という命令を受けて、何をどう用意したらいいか、といったことを話し合った。日本という島を一つ取ったけれども、どうやって占領するか、皆目わからなかったわけだ。……日本郵船の社宅に使っていた屋敷をサザーランドという参謀長のために確保し、また将校全部は横浜のニューグランドの建物、設備を使う。それから横浜税関の建物を第八軍の指令部に使う。三千の武装した兵隊の宿泊所は横浜にあった生糸検査所にする。それとペトロリアムという石油会社が入っていたビルが一つあり、そこも接収して使う。……ニューグランドの野村さん、帝国ホテルの犬丸さん、日本郵船の横浜支店長を中心にそれに当たることになった。五百名の将校が使う宿舎と三千名の兵隊が使う宿舎の二つについては私が担当することになった。そのほかの小さなテントを持ってきて屋外で寝る兵隊に関しては、横浜の崎陽軒というシューマイ屋と分けてやろうじゃないかという命令のもとで働いた。これが、いわゆる接収を受けて仕事をしたことの始まりだった。……」

マッカーサー元帥の飛来に先がけて先遣隊が来ると「下士官、兵の食糧は軍が携行し、運搬してくるから、当面、日本側での調達は不要。ただし、各軍の駐屯地が正式決定した後は食糧調達は日本側にも依頼する」となり、庄太郎は、少しホッとする。終戦直後の混乱で当時の日本の食糧事情は最悪であり、大量の食糧調達、給食を命じられた場合、どう対処したらいいのか、頭を痛めていたからだ。

庄太郎は米軍の進駐以後、将校用の宿舎や連合国関係外交官、事務官、同行してきた報道関係者などが宿舎とする建物の接収の仕事を続けるようにいわれる。

進駐してきた事務担当の士官たちに話しかけられて、それに英語で応待しているうちに、GHQ関係者の間で、犬丸らとともに「日本側の事務官の中にも英語で通じる者がいる」ことが知られ、「便利だ」と米軍側から〝通訳〟的な使われ方もした。「アサジを出せ」と指名されるようになっていったのである。

いつの間にか内閣の設営委員会は、終戦連絡事務局と名を変えていた。形としては、GHQと日本政府との間で終戦連絡中央委員会が設置され、そこで両者の代表が〝占領政策〟について協議、政府はそれを実行する。その日本側の窓口が終戦連絡事務局であった。しかし、中身が軍部のGHQは、委員会を無視するどころか、事務局をGHQが自分たちの命令を実行する手足のように使い、次第に、日本を、〝間接統治〟ではなく、〝直接統治〟するかのような動きをするようになる。なにしろ彼らは武器を携帯している〝占領軍〟。事務局は、いいなりになるより仕方がなかった。

事務局はGHQ側の組織に対応し四部編成で、一部は総務、二部は作戦参謀関係、三部は情報関係、四部は設営管理とされ、庄太郎は四部に配置されて主に〝接収〟を担当させられる。

GHQが、事務用や宿舎用として建物を接収する際、一応「日本政府側の立会い、了解を必要とする」となっていたため、立会い人と通訳の両方を一人でこなせる庄太郎が重宝がられたのだ。

戦時中は敵視された庄太郎の英語力が、大きく生かされることになったのである。

その接収作業の中で庄太郎は、接収される建物などの持ち主のために、日本人的な〝配慮〟をGHQ関係者を説得して、随所で実行した。進駐軍が目をつけ、「あの邸宅を接収、自分たちの宿舎にする」といわれたときに、それをすべて思いとどまらせることはできなかったが、目的の屋敷内にある別棟、隠居所とか使用人用の建物などは、なるべくその邸宅の持主、家族のために接収の対象としないように手続きをした。言い訳の理由はさまざまにつけた。

「あの別棟はトイレが水洗になっておらず、便壷の形式になっている」とか、「浴室がない」とか、あるときは、「病人がいる」といったら、翌日すぐに米軍の衛生班が駆けつけ、屋敷中にDDTを散布、病人に仕立てられた老当主を強制的に病院へ入院させようとする騒ぎが持ち上がり、その邸宅は未接収となったこともあった。

また、事前に接収に行くことを知らせ、家宝的な書画骨董、貴重な家具や食器類などを、その家の当主が〝疎開〟させる時間を稼ぎ、できるだけ実害を少なくするようにも務めた。ときには、大胆に「案内せよ」と手渡された物件リストの中に懇意にしていた知人宅が載っているのを見つけて、あちこちを案内する途中で「NO」の×印を勝手につけ、接収をのがれるというようなこともやってのけたのである。

当時は、焼けずに残った洋館といえども、焼け出された親類縁者が寄り集まって暮らしていたから、一つの邸宅に三、四家族、ときには部屋ごとに別家族が着の身着のまま住んでいるという状況であった。もし接収されれば、何家族かはたちまち住む家を失うことになる、ということである。

さらに進駐軍は、自分たちの生活を便利にするため、壁を破って二部屋を一部屋にしたり、階段をつけ変えたり、日本間にベッドを持ち込んだりというようなことをした。

むろん、家の中でも靴を履いたまま。このため接収されれば建物は痛み、いずれ返却されるとはいっても、それだけ資産価値は目減りしてしまった。

このため庄太郎の〝配慮〟は、洋館や邸宅の持主たちにとっては大助かりだった。

接収の対象となる邸宅の持主の多くは〝夏の軽井沢の住人〟であったから、庄太郎はその人たちに大いに感謝されることになる。といっても庄太郎は、その〝配慮〟を鼻にかけたり、威張った行動をとったりはしなかった。それでも密かに、謝礼として小さな置き物などを風呂敷に包んでやってくる人がいたが、そのときも、「もし、この品が不要であるなら、これをお金に替えて、何か食べ物でもお買いなさい」と受け取らず、逆に、手許にある進駐軍から支給された砂糖やチョコレート、菓子類などを「お子さんたちにでもあげてください」と持ち返らせることもあった。

晩年の庄太郎は、〝接収〟のころのことについては多くを語らなかったが、その当時の庄太郎の〝配慮〟を、恩義に感じている人たちは結構多かったのである。

◎──GHQ住宅建物局日本人首席顧問

終戦後の混乱の中で、日本へ進駐してきた米軍の占領事務担当士官たちと英語で意志の疎通ができた浅地庄太郎は、その優れた英会話の能力によって、まったく予想もしなかった人生を歩み出すことになる。

日本政府に〝召集〟され、設営委員会や終戦連絡事務局に所属、進駐してきた米軍の受け入れに駆けずり回っていた。そうするうちに、米軍の事務担当士官たちから「駐留軍側で働け」と半ば命令される形で、五十か所を超える京浜地区の駐留軍用宿舎の管理、監督をするGHQ住宅建物局の所属に加えられたのである。宿舎といっても住宅建物局は、GHQ直轄の宿舎として接収された帝国ホテルなど日本側の管理体制がしっかりしていたところを除き、事務所ビルや、将校、士官たちの宿舎（多くは接収された個人の邸宅）を管理するのが仕事だった。庄太郎はすぐに、住宅建物局が雇用した日本人の中で最高の地位につかされている。

浅地庄太郎のその肩書は、「在日連合国最高司令官総司令部（GHQ）住宅建物局日本人首席顧問」となったのである。記録によれば、GHQが東京・日比谷に移ったのは九月十五日、帝国ホテルが正式に接収されたのが二日後の十七日、GHQが組織的な機能を整え、住宅建物局などが東京・虎ノ門のファイナンスビル（後の大蔵省庁舎）に正式に設置、業務開始となったのが十月二日とあるから、庄太郎の雇用も、そのころであったと思われる。

そうなる以前の九月初め、まだ横浜で終戦連絡事務局に所属していたとき、庄太郎は、軽井沢へ、初めて進駐軍兵士を、正確にいえば米軍の従軍記者だが、勝利者として日本に上陸してきたアメリカ人を連れて行っている。

「……一週間ばかりたったころには、浅地という名前は覚えられて、『浅地、頼みがある。俺たちは従軍記者だ。行きたい所がある』とヤンという有名な記者がいう。『どこへ行くのか』といったら、『軽井沢だ』という。それで『軽井沢には私の子どもも家内もいるから、私も行きたいんだ』というと『それでは行こう』というわけで、本当は米兵の移動には許可がいるんだが、それをせずに、上手に行こうじゃないかとなって、横浜から電車に乗った。で、乗って行くと、ところどころの駅に米軍の憲兵が立っている。捕まっては大変だといいながら乗って行った。……そのとき、初めて私は電車の窓から上野の姿を見たわけだが、坂道に、子どもたちが、みんな、へこたれて寝たり座ったりしている。大人たちもプラットホームに汗くさいシャツだけの姿で座っていたりする。ああ、かわいそうに、まさに集団の乞食姿だと思い、いや、私自身もどうかな？　と思ったりもした。……その従軍記者二人と私の三人で上野から汽車に乗り込んだ。むろん、切符なしのただ。ところが、後で考えてみたら、その汽車が進駐軍を乗せて軽井沢へ行った最初のもので、それを私は、なんとはなしに案内したことになった。……軽井沢の駅に着いたら、赤鬼がきた、いよいよアメリカ軍が入ってきた、というわけで大騒ぎになった。ピストルをつけているから進駐軍に間違いないというわけだ。しかも、泊るところが私の家内と子どもと女中がいるところで、そこへ連れて行った。そこで大騒ぎになって、軽井沢に居残っていた日本の憲兵隊はくるは、警察署長はくるは、町長はくるはで、みんな『何か御用はありませんか』というわけだ。それまでは、私らは、まあ、軽井沢では子ども扱いされていたのが、憲兵や警察は威張りくさっていたのが、一晩で、ころっと変わってしまった。……ヤンという有名な従軍記者たちは、実は、そのとき、軽井沢にいた近衛公爵に会い、日米開戦時と終戦についての心境を聞くために軽井沢へ来たということだった。それで、申し込んだが、ペケをくった。……」(本人の談話)

それでもヤンたちは、軽井沢の山荘にいた太平洋戦争開戦前夜のワシントン特派大使・来栖三郎に接触し、「あなたは当時、ワシントンにいて、日本軍の真珠湾攻撃を予知していたのか」と質問している。

庄太郎が従軍記者を軽井沢へ連れてきたそのときのことを、当時数え年八歳だった息子の正一は、「覚えているのは、アメリカ人が赤い顔をしていたということと、翌朝起きて玄関にある軍靴を見て、大きいのにびっくり。赤鬼はワラジのような靴を履くんだなと思った」といっている。

長野県の公式記録によれば、軽井沢町に進駐軍が入ったのは九月十五日が最初。長野県と新潟県の状況掌握を目的に、その後埼玉県熊谷に本部を置くことになる米陸軍第九十七師団のベンデゾム中佐ら十六名の先遣隊で、五台のジープで到着し、つるや旅館に泊っている。このため、庄太郎が連れて来たヤン従軍記者たちの方が数日早かったことになる。そうこうしているうちにも、マッカーサー元帥の引率するGHQは、〝直轄統治〟による日本の民主化政策を矢継ぎ早に進めていた。

終戦直後の食糧事情の悪化は激しく、国民一般は、麦メシどころか、すいとん一杯、蒸かした薩摩芋一本が一日分の食事といった状況にあり、昭和二十一(一九四六)年の、十一年ぶりに復活したメーデーには、「憲法よりも食糧を」の看板が見られた。

終戦の年の十月（文部省が疎開児童に帰校命令を出したのは九月二十一日）、軽井沢から川崎・中原の自宅に戻った浅地家も、決して食糧事情はよくなかった。庭を耕して畑にし、郷里・金沢の弟・多吉に密かにコメを運んできてもらったりもしていた。しかし、近所の各家庭に比べれば、結構恵まれていたといえる。

というのも庄太郎が、進駐軍関係のツテでバターや肉、コーンスープなどの缶詰類を少量ずつだが手に入れ、それが食卓に並んだからだ。当初、庄太郎がＧＨＱ関係の仕事をやっていこうと決心した理由の一つには、家族を飢えさせてはならないと考えた父親としての責任感があったのかもしれない。

ＧＨＱ住宅建物局の仕事は、当初は進駐軍の宿舎確保のための建物の〝接収〟〝調達〟、宿舎として使えるように準備すること。士官や兵士たちが入居してからは使用中の宿舎の管理、補修等であった。

庄太郎は、その〝現場〟に立会い、最初は日本側で、そのうち成り行きで命令されＧＨＱ側で仕事をするようになったのだが、その仕事の中には、やがて管理、補修、清掃などをこなす人員の確保、日本人の採用を監督することも加えられた。

当初の人員確保は、日本政府の設営委員会が神奈川県庁に設けられたので、神奈川県や横浜市の職員と元ホテル従業員、その知人たちが中心で、特に身元や前歴のチェックはしていなかった。とにかく急場のことで、それどころではなかったのだ。しかし、ＧＨＱが東京へ移り、組織として陣容を固め機能しだすと、今度はチェックが、日本での通例から見れば異様なほどに厳しくなった。GHQが民主化の徹底を指令したことで全国的に労働組合運動が燃え上がり、本体が米軍であるGHQは、ホンネのところで左翼、共産主義者の台頭を極度に警戒しはじめていたからだ。

もっとも、身元や前歴のチェックといっても、実態は形式的なものに近かった。詳細な学歴と職歴、家族、特に兄弟、父、祖父、伯叔父などの職歴の他、各人の政治歴の有無、支持政党などを記入させ、「記入事項に虚偽はなく、違約した場合は解雇されることに同意します」という誓約（契約）書類を提出させて、ほとんどが採用されていた。事実，現実に問題を起こしそうな人間はほとんどいなかった。

庄太郎の仕事、〝採用の監督〟とは、元神奈川県庁職員だった採用担当責任者を監督することだった。実際には、その責任者にGHQ事務士官たちの意向を正確に伝達することであった。特に、どんな職種、どんな仕事をする人間がほしいのか、その点について士官たちの採点、判断は厳しかったから、その伝達をないがしろにできるわけではなかった。

◎――進駐軍が持ち込んだマニュアル化された管理手法

進駐軍が持ち込んだ管理手法は、仕事の内容や職分を具体的に決め、その仕事に適応した能力の人間を採用し適否をはっきり判断し、報酬を支払うというやり方であった。このため庄太郎たちは、それに従って仕事をしなければならなかった。

しかしそのことが、庄太郎たち、進駐軍に雇用された当時の日本人には、知らず知らずのうちに大いに勉強になったのである。

特に「火災や盗難の予防対策」、調理や清掃に関する「衛生対策」の徹底ぶりは、それまで日本人がやってきたことよりもはるかに厳しく合理的で、先進的な内容になっていた。

庄太郎は、仕事をしつつ、そのことに目を奪われ、驚嘆し、同時に多くのことを学んだ。

それはやがて、庄太郎に新しい仕事に取り組む意欲を持たせることになるのだが、当時の庄太郎は、まだそれには気づいていない。

例えば「火災予防」は、災害予防の観点から建物管理の主要な事項とされていて、その徹底ぶりは見事であった。

電線の室内配線については、まず建築当初の「配線図」の提出を求め、それがない場合は天井裏にも入って調べ、具体的な実際の「配線図」を作製する。どこで枝分かれして支線があるとか、コンセントや点滅のスイッチの位置関係を一つひとつ確認する。配線の露出、仮電線を引くなどは絶対に許さず、「配線図」ができた後も、三か月に一度は必ず昼の間に電灯の光具合やスイッチの正確な作動を点検する。それは、漏電事故を予防するためである。

消火器についても、要所要所に配置した。非常口や階段の踊り場付近に、いざ退避となったときに邪魔になるような空き箱や無用のものなどが置いていないかどうか。それから三か月に一度、定期点検を欠かさない。

「衛生対策」は、さらに徹底していた。

料理場では、調理用設備のわずかな錆や変色、タイルの継ぎ目の変色についても気を配って、ただちに掻き落としたり塗り変えたりする。食糧品そのものの運搬、貯蔵、取り扱いも徹底していた。缶詰類は一度開けたら中身はただちにガラス器に移し、それをパラフィン紙で包んで、誰が見ても中身がわかるようにしておく。そうすることで鮮度の点検も容易になる。魚類も、頭、骨、尾を切り取って身だけにした後で冷凍し、以後の取り扱いを容易にし、同時に細菌類などが寄りつかないようにする。鮮度と清潔さを保つ工夫がしてあるのだ。

清掃についても、板敷きの廊下の場合は掃除用の油をつけたモップで二回、その後を乾いたモップで三回拭く、という具合に、科学的かつ合理的に、その方法が定められ、それらのすべてがマニュアル化されていた。

マニュアル化は、仕事への適不適はあるが、最低限度、誰がそれを担当しても、衛生上、安全予防上で間違いのない仕事ができるように行われていた。そうしたマニュアルが存在していることにも、庄太郎は驚き感心した。

日本では、例えば調理、食品の取り扱い方法については、「板前は職人。腕を上げるには先輩の仕事を見て技を盗め」「頭だけでなく体で覚えろ」などと、その手法は〝無形〟だが、アメリカ方式ではマニュアル化して〝有形〟になっていたのである。

当時の様子を庄太郎は日記に書く。

「美しい朝の日ざしを身いっぱいに受けて、家を出る。毎朝のフルーツジュースとコーヒーが私をさらに元気づける。虎ノ門で下車すると、もうアメリカである。クーニー少佐、スクープ少佐と語りつつ事務所に入り、勤務す。

今週から毎水曜と土曜の午後は休みとなった。

これだけあれば自分の所用は充分たせるし、仕事は力いっぱい働けるから、このままもうしばらくいた方がよさそうだ。……毎朝八時にはもう全部一人残らず仕事をしている。力いっぱい、それも仕事を楽しみながら次々と流れていく。私もその一員として働いている。

これは精神の上にも、身体の上にもまことによいことである。……

窓の外を見れば、十時ごろ、役人が商工省なり文部省に入って行く。馬鹿げた話だ。戦争に勝った国民の方が少しもスピードを落とさず、そのまま働き続けている。反対に、負けた方は理屈だけを言って働いていない。戦前はこんなではなかった。この状態では日本国民は下へ下へと崩れ落ちていく。その差はまことに大きい。私自身、幸いにも戦後一日といえどもサボッたことがない。司令部の中に身を置いて、仕事を楽しみ、またとない勉強を毎日している。……希望と夢を抱くのはよいが、それは毎日の現実の科学的推挙以外のなにものでもない。一プラス一は二である。それ以上を期待しないでおこう。むしろ、一に一をプラスするその過程の現実をしっかりと自分のものとし、冷静に見つめ、これを楽しむ以外にない。私は、アメリカ人の大体の人々が生まれながらにしてそれを体得していることを知り、うらやましいと思う。彼らは、その一刻一刻を徹底して利用している。働くときも、その目的のために正しくそのときを使い、休養のときは、その意味で徹底して疲労の回復をはかる。よいことだ。……」

こう書かれた後には「犬丸帝国ホテル社長来室。ワグナー氏、山形特別調達庁長官と会談。東京都阿部部長、鈴木技師と会議」などのメモ書きも見られるが、庄太郎が、日本の民主化を使命としてやってきたアメリカの若いエリートたちの仕事ぶりに感激し、その合理的な精神と行動力に心を動かされている様子が、実に素直に記述されている。

◎——超多忙となる転機の前の戦後の安定生活

庄太郎の、ＧＨＱ建物住宅局勤務時代の生活は安定していた。

振り返って見ると、終戦前後は食糧不足で、万平ホテルのコテージに疎開していた庄太郎は、ホテルに疎開していた人たちと一緒にホテルのテニスコートを掘り起こして豆をまいてみたりした、それほどの食糧不足に悩まされていた。敗戦直後になると、進駐軍関係の仕事に駆り出された。そのときには「……そういう心配もあって、私の頭がハゲたのはそのときの秋で、毎日たくさんの髪が抜けて、以来、回復しないようになってしまった」（晩年の回想）という〝頭の心配〟もあった。しかし、ＧＨＱに身柄を預けた形になってからは、食糧不足の悩みも次第に薄れ、以後の数年、生活は安定していた。

そんな安定した生活は、「対日講和条約」が発効し、ＧＨＱが自然消滅する昭和二十七（一九五二）年四月まで続いた。やがて庄太郎はまた、一つの転機を迎えることになる。超多忙、大車輪の生活になるのだが、それはもう少し先のことである。

当時の安定した生活は、直接的にはＧＨＱでの待遇、給与が、当時の世間相場より格段に厚かったからだ。また、自宅が空襲の被害を受けることなく無事だったことも幸運だった。戦時中の日本栄養食時代の稼ぎ、蓄えは、終戦後の激しいインフレ、新円切替（昭和二十一年六月二月）などでかなり目減りしてしまっていたものの、それでも何がしかの蓄えもあった。浅地家の暮らしは恵まれていたといえる。

終戦後、初めて迎える昭和二十一年の夏を前に、庄太郎が「今年も、夏は軽井沢で過ごしたい」と考えたのは、安定した生活があったからこそであった。

もっとも、夏を軽井沢で過ごす……、それは庄太郎が、そういう暮らしを生き方のスタイルとしてできるようになりたいと、若いころから思ってきた願望だった。一つの、自分自身に課した具体的な努力目標である。このため戦前の日本栄養食時代にも、夏の軽井沢別荘生活を曲がりなりにも実現させてきたのである。

しかし、終戦の年の翌年、庄太郎は、はたと困ってしまう。軽井沢は進駐軍の手で米軍のレストセンター化され、万平ホテルなどは接収され、庄太郎の一家が使い慣れていたコテージなども米軍用になってしまっていたからだ。

庄太郎は、なんとか夏の間だけは、家族を軽井沢で過ごさせたいと思った。貸別荘でも借りられないかと動き回ってみると、思いがけず「どうせ空いている部屋があるし、使ってくれていいよ」という人に出会う。前田利為氏、加賀百万石の前田家の当主で、侯爵（当時）である。

庄太郎にとっては、郷里・金沢のお殿様に当たり、同郷の縁で旧知の間柄、菊屋時代から可愛がられていたとはいえ、なんともおそれ多い気もしたが、せっかくのお声がかりなので、庄太郎はその好意に甘えることにする。

こうして、浅地一家は、終戦の翌年のひと夏を軽井沢でも一、二を争う広大な敷地の前田家の別荘で過ごした。

◎――あこがれの軽井沢に自分の別荘を購入

喧騒の東京を離れ、軽井沢で、しかも緑の多い前田家の別荘で過ごす夏は、まさに別天地であった。

「なんとか、小さい山小屋風のものでもいい。軽井沢に自分の別荘を持ちたい。持とう」

庄太郎は、広大な敷地の前田家の別荘で夏を過ごした昭和二十一（一九四六）年、そう決心する。

思い切って「自分の別荘を持とう、借金をしてでも」と思うと、庄太郎は心が躍った。それは、庄太郎が心の底に秘めてきた〝立身出世〟という青雲の志にあったものである。軽井沢への強いあこがれに火がついたのである。これほどに別荘を持とうと決心した背景には、終戦直後の社会事情、激変する世の中の流れに突き動かされたところもあった。

ＧＨＱによる急激な民主化政策で、軽井沢の別荘族であった日本の特権階級は、終戦直後になると、ただ生き抜くために必死な状況になった。さまざまな形で特権が剥奪されたからである。戦時利得税、財産税の創設、実施。預金封鎖などが別荘族を直撃した。

預金封鎖は、銀行にどれだけ多く預金があろうとも引き出しは一か月当たり世帯主三百円、家族は一人当たり百円というものだった。これでそれまで優雅に暮らしていた人たちがたちまち窮したのである。しかもインフレとなり、別荘族は、衣類はもちろん、家具、調度品、家宝とされた品物までも、食べるためにあっさりと手放し、買ってくれる人があれば東京にある自邸はともかく、軽井沢の別荘は売ってもいいという状況となったのである。

こうした激変の流れは、庄太郎にとっては逆に、庶民の一人である自分が何かを仕掛けてもいい一つのチャンスと映ったのである。

後年庄太郎は、別荘購入のいきさつについて、こんなふうに話している。

「今、私どもの別荘になっているところは、終戦処理のために財産税を払うので売るという話があり、私は、それではなんとかして、小さいときからの夢で、身分不相応かもしれないけれども、自分の家がほしい、と見に行った。この土地を三等分して、そのうちの二軒、家を付けて売りたいという話だった。私も、今、津田の家（津田家は長女・恭子の嫁ぎ先）になっている家と地所を五百か八百付けただけを買うつもりでいた。冗談のように、仲に立つ人に『三つ一緒に買うから、いくらにするんだ？　少し安くならんか』といったら、『全部その値段で売る』ということになった。……当時は、この家ばかりでなく、あちこちに別荘が空家になっており、誰もくる人もいないし、売りたいという家があっても、誰も自由には買えなかった。……幸いに、この場所はたいへん木も多く、町にも近いし、軽井沢を開発した人の建てた教会があって、その隣にこの家があったので、軽井沢を開発すると同時に、あるいは宣教師の持ち物であったのではないかと思う。……買って十年ぐらいして、庭の隅の方に石がころがっていたので、起こしてみると『ダンディ』と石に彫ってあった。その真中に一九二〇年とあったので、そのとき、おそらく、ここに家を建てて住まわれたのではないかと思っている……。」

新しく別荘用の土地を買い、建物を建てたのではない。戦前から建っていた別荘を購入し、補修し、畳や障子などを新しく入れ替えたのである。浅地家の軽井沢別荘の別荘開きは、昭和二十二年七月十九日に行われた。

その日、朝一足早く、その日のために事前に郷里から呼んでいた母・すずと、妻・静江、娘・恭子と女中を加えた女性陣が、まず川崎・中原の家を出発。女性陣は電車で、上野からは汽車で軽井沢へ向かった。男性陣、庄太郎と息子・正一、手伝いの男衆数人は、荷物を積んだトラックで向かう。

庄太郎は、満足していた。

母・すずも、青雲の志を抱いて東京へ出た息子が、こうして軽井沢に一つの功成った人間のステータスである別荘を持つまでになった、そのことに満ち足りていた。しかも、家族仲良く、嫁も孫たちも元気で明るい。すずはこの夏を、孫たちと一緒に軽井沢で過ごしている。

そのすずは、浅地家の別荘開きからほぼ一年後の昭和二十三年七月十七日に、金沢で息を引き取っている。

別荘開きは、庄太郎の最後の母親孝行になったのである。

庄太郎は、後年「軽井沢は、私にとっては宝だ」と語った。そのホンネには、自分が働いて得た収入で購入した別荘に象徴される軽井沢に関係するすべてがある。菊屋軽井沢店時代からはじまる多くの思い出や、別荘を持てるまでになろう、よくぞ頑張ったという自分への激励、そして評価なども含めて「宝だ」と表現したのだろう。軽井沢に自分の別荘を持ち、以後毎年夏は安心して軽井沢で避暑生活を送ることができるという思いが、その後の庄太郎の生き方に、少なからぬゆとりの心をもたらした。

つまり、がむしゃらに他人を蹴散らしてでも生きるというのではなく、基本的には自然体で、時の流れ、周辺の状況、身近な人たちの自分への期待、それらの全体を掌握して、良かれと思う方向へ向かって努力をするという生き方である。

第九章　戦後復興の歴史を刻むビル管理業ことはじめ

◎――日本不動産管理：契約によるビル管理業ことはじめ

昭和二十七（一九五二）年四月二十八日、対日講和条約が発効（第二次世界大戦終結のため、日本と米、英など四十八カ国との間で結ばれた平和条約。ソ連などは締結しなかった。前年の九月八日、米サンフランシスコで調印）。日本に国際法上の平和状態が戻ったその同じ日、浅地庄太郎にも、人生上の大きな変化が起きていた。

庄太郎は、条約の発効で自然消滅するＧＨＱ（即日、駐留米軍総司令部が発足）の仕事を離れ、代わって登記上の手続きが若干遅れていた新会社「日本不動産管理株式会社（Japan Custodial Service Co., Ltd.）」の代表取締役に就任した。

庄太郎は、四十七歳であった。

新会社、日本不動産管理は、ビルの総合管理、つまり、ビルの設備管理、警備防災管理、清掃管理などの管理業務を行う会社で、アメリカ大使館の管理業務を請負うために設立された会社である。

同社は、五年後姉妹会社の形で発足する「日本ビルサービス株式会社（Nihon Building Services Co., Ltd.：略称ＮＢＳ）」に業務を委譲し、発展的に解消した。庄太郎は、日本ビルサービスを興し、社長に就任、日本に〝契約によるビル管理業〟という新しい産業を根づかせ、発展させていくことになる。

昭和二十七年は、その契約によるビル管理業が、日本で初めて誕生、産声をあげた年となった。今日、契約によるビル管理業は、「ビルメンテナンス」とも呼ばれているが、その語源は、ここにあったわけである。また、日本ビルサービスは当初、日本不動産管理という名称で出発したが「不動産管理」という語源もここにあったのだ。日本に新しい業界が誕生する胎動期の様子とも重なる庄太郎の発言記録があるので、ここでその記録に触れておきたい。そこから、庄太郎の戦後の人生との深いかかわりを伺い知ることができる。


「……マッカーサー元帥が厚木に上陸する前日に、米軍は、中佐を長として、米軍用の宿舎の手配をしていた私たち、設営委員会のところへ視察にきた。私たちは、そのときに、ビルディング・マネジャーと称した。……設営委員会はやがて東京に移り、終戦連絡事務局に変わり、私はファイナンスビルに行った。そこでアメリカ軍がつけてきた名称は、カストディアル・

マネジャーというものであった（カストディ＝管理、保管）。
……独立後、アメリカとの建物受託契約のとき、カストディアル・サービス・コントラクトを交わしたが、それを私は不動産管理と訳した。その中に、メインテイン（維持する）という言葉が契約書に出ているので、そこからビルメンテナンスという言葉が自然に出てきたと思う。……その後、日本で初めてのビルメンテナンス会社を創るに当たって、ビルサービスという名称をつけた。……けれども、そういう経緯があるので、カストディアル・サービスということにもなり得たのかもしれない。……
ビルメンテナンス業とは何か。これがむずかしいところで、私も、今、業法制定で苦労している。これを制定することで業界は大きく発展することに繋がると思っている。……メンテナンスとサービスについては、どちらでもよいが、私はビルメンとしたらどうかといっている。ビルメン、つまり、ビルの人（メン）というわけである。今後、ビルメンテナンスの内容と定義について、私の話しを一つの参考にし、位置づけてほしい」（昭和五十二年六月一日。株式会社社会環境研究所主催「室内環境研究会」での講演から）
ちなみに、アメリカでは、〝カストディアル・サービス〟が一般的で、その業務内容は、ビル全体の設備、警備防災、清掃の三大管理業務以外にも、エレベーターの保守・運行、電話交換機のオペレーション、冷暖房を含むボイラーや電気設備の配線配管、トイレ関連の保全・補修、庭園管理、家具類の手入れ、フロント業務、日常的に必要な物品の供給、さらに各官庁や警察・消防署との連絡事務など広範囲にわたっている。さらにアメリカでは、街の数区画全部を一括管理するというように規模が大きい仕事も含まれる。

しかしながら、この「カストディアル」という言葉は、後に日本国内で「業界」として成立してみると、ポピュラーではなくなっている。

日本では、業界の主流は、ビル単位、建物単位の管理業務の受託と考えられ、実務面でもそうなっており、昭和二十七年、庄太郎が、アメリカ大使館を対象物件に日本不動産管理で始めた仕事は、内容的な拡充、質的向上はあるものの、基本的スタンスは今日も受け継がれている。

◎――三菱地所・渡辺社長への恩義

庄太郎の人生の後半を決定づけた昭和二十七（一九五二）年の、日本初の契約によるビル管理を業とする会社・日本不動産管理株式会社の設立と庄太郎の社長就任は、意外にあっさりと決まった。時の流れがそれをもたらしたのである。

昭和二十六年九月四日の対日講和条約調印で、ＧＨＱの消滅が既定の事実となったころから、それまでGHQが〝命令的〟に取り仕切ってきたさまざまな業務のうち、末端の現場の仕事、講和条約発効後も実質的に残る仕事をどうするかがGHQ・米国・駐留米軍サイドで検討され、米国政府関係のものは駐日アメリカ大使館が独自に判断し、駐留米軍関係については軍が行うことになる。

その引き続き残る仕事の中に、大使館の総合的な管理業務があり、大使館はそれを、アメリカ流に日本の業者に〝競争入札で委託する〟としたのだ。

ところが当時、日本にはそれを引き受けるべき業者は皆無であった。

ビルの保守、管理、清掃までを一括して受注する会社などというのは、まったく存在していなかったのだ。

日本では、ビル管理は自社ビルを所有するオーナー会社自身が自社の社員を使って実施してきており、他人のビル、建物の管理を専業の仕事にするといった発想は、日本人の発想の土壌にはなかった。戦前から日本一の〝大家さん〟、東京・丸の内などに賃貸ビルを数多く持つ不動産会社・三菱地所においても事情は同じであった。

それでもアメリカ大使館は、原則として入札の姿勢は変えず、別ルートから、三菱地所など大手の賃貸ビルを持つ会社に、入札に参加するように働きかけてきた。

そのころ三菱地所は、所有する丸の内の当時の通称・三菱村のほとんどがGHQに〝接収〟されており、それが少しずつ〝接収解除〟されて戻ってきているときだったから、それを断ってアメリカ側をいたずらに刺激しても困ると考え、迷っていた。

一方、庄太郎は、GHQの住宅建物局に在籍していたから、入札の話しがあることは情報として知っていた。と同時に、入札になると知って、それまでアメリカ大使館で清掃などの仕事に従事していた人たちから「入札になれば、自分たちの仕事はなくなり、クビになる。なんとかできないか。……自分たち従業員が受託会社を作って入札に参加できる方法などを、浅地さんの方から大使館の担当者に進言してほしい」と相談され、その実行を頼まれて弱っていた。

庄太郎からすれば、「それどころではない、自分の身の振り方も決めなければ」と思いつつ、従業員たちのことを思って悩んでいたのである。

庄太郎は当時、「浅地君、君ひとりぐらいはGHQがなくなってもいつでも地所が面倒見ようじゃないか。地所は浅地君にいろいろ世話になってきたし……」と三菱地所の社長・渡辺武次郎氏（当時）から声をかけられていたので、自分が相談を受けていた従業員たちのことを、なんとかできないか、渡辺社長に話しに行く。

「……もしも、地所が、入札でアメリカ大使館の管理業務を引き受けたときには、全員は無理でも、何人か現在の従業員を引き続き使っていただく、そういうお願いはできませんでしょうか」

それを聞いて渡辺社長ほ、大きく頷いた。

「どうだ？　君。君がこの仕事を引き受けてくれるなら、入札に参加しようじゃないか。……そうすれば、君がいう従業員も引き受けられるし、こっちも助かる。日本は今、対米関係で大事なときだし、損得ぬきで国益のために引き受けざるを得ないと思いつつ、困っていたんだ」

渡辺社長は、庄太郎を前にして一瞬のうちに状況を分析し、決断したのである。

〝丸の内の大家さん〟としては、入札に参加する以上〝落札〟して仕事を引き受けることも、仕事を立派に、少なくとも従来よりも内容的に低下させないようにこなし切ることも、やってのけなければならないことであった。そのために、庄太郎の存在は、願ってもないほどピッタリだったのである。

入札は、アメリカ大使館関係のいくつかの建物ごとに、アメリカの法律に従って行われ、入札には数社が参加、日本不動産管理は、もっとも重要で最大の仕事、大使館本館関係分を引き受け、条約発効のその日から業務を開始した。

日本不動産管理は、こうして三菱地所の一〇〇％出資会社（設立登記は七月十二日）としてスタートした。本社は、丸の内〝三菱村〟の旧三菱商事ビル、当時はアメリカ大使館の事務館として〝接収〟されていた、そのビルの地下一階に置かれた。

社長は浅地庄太郎で、三菱地所からは取締役に渡辺武次郎社長、宮田正男取締役、亀山誠取締役（いずれも当時）の三人が入った。設立にあたっての定款の作成などは三菱地所の中田乙一総務部長（当時）らが担当、実務の組み立てと当初の指導は三菱地所の管理部関係者、神田透部長、三野昭彦副長（いずれも当時）らが担当した。

管理業務の実際面、現場にも三菱地所から人が入り、その責任者は新会社の総支配人として派遣されてきた五十嵐孝三であった。

現場では、主に百名以上のGHQ時代から仕事をしてきた従業員が、身分上は新会社の社員となって働いたから、新会社の初仕事とはいえ、何の支障もなかった。清掃用の資材なども、帳簿上の手続きはともかく、実際にはGHQ時代のものを、そのまま利用したのである。

庄太郎は、新会社の社長ではあったが、社長という意識はほとんどなかった。むしろ、三菱地所の渡辺社長が、GHQが消滅して路頭に迷いかねない自分を含めた従業員たちを救ってくれるために新会社を作り、自分はその営業面の責任者に任じられたのだ、という気持ちであった。

従業員たちに話をし、大使館側の入札の裏事情や他社の様子を調べ、ビルの管理業務には自分がGHQの住宅建物局でやってきたこと以外に何があり、それがアメリカ大使館でどう具体的に行われてきたのかを調べたりした。そんな大車輪の活躍をしながら、少しも苦にならなかった。それどころか、GHQにいて実感として学んだアメリカ流の合理性を生かせる仕事だと受け止め、大いに気持ちは燃えていた。

新会社設立を決断した渡辺社長が「地所は浅地君には世話になってきた……」と口にしたその真意は、GHQが東京・丸の内一帯の三菱地所所有の建物を〝接収〟するとき、指名されたいくつかのビルを救っていたことにある。例えば、丸ビルについては「このビルは関東大震災の直前に完成し、地震の洗礼を受けたので、建築の専門家の間では危険視されているから接収の対象から外した方がいい」と庄太郎がアドバイスし、接収を免れた。また総務部長になる前は、ＧＨＱとの窓口になる臨時渉外室長であった中田乙一部長と懇意にしていた。そんなことがあって渡辺社長に好印象を持たれていたのである。しかし、庄太郎としては、三菱地所に恩を着せた気持ちはまったくなく、それらはむしろ、日本のため、日本の戦後復興のためにＧＨＱの〝横暴〟や勇み足を止めなければならないと信じて行ったことであった。だから渡辺社長に、新会社で活躍の場を与えられたことに、大いに感謝し、燃えたのである。

◎――管理業務にアメリカ流合理性を導入

日本不動産管理のスタートは順調であった。

何よりも、現場の元従業員たちのほとんどを社員にしたことで、業務に、引継ぎからくるぎこちなさがまったくなかったからだ。むしろ、彼らの精神的高揚感、これからは日本の、それも大三菱の関連会社の社員として働くんだという気持、熱意が良い仕事に結びついた。

日本初の総合ビル管理業を営む会社の仕事は、スタートから高評価を受け、大使館側はすぐに続けて新会社に多くの仕事を預けてきた。当初の競争入札で落札した他社が、従業員の不慣れから不評を買い、実質的には〝指名〟の形で日本不動産管理に仕事が回ってきたのである。

当初、大使館本館（東京・虎ノ門）とチャンセリー（大使館の事務館。接収した丸の内の旧三菱商事ビル）分を受注しただけだった日本不動産管理は、三か月後の七月には、女子会館（港区芝公園）、十月にはペリーハウス（港区麻布）など、大使館職員の宿舎を相次いで受注した。

アメリカ大使館での管理業務は、人数的にいえば、清掃業務の人員がもっとも多かった。そのほかでは、警備防災管理業務があった。この当時は、「警備」という言葉は一般的ではなく、「守衛」という名称が用いられていた。また、電気、ボイラーも管理することになり、技術的な有資格者が必要だった。さらには清掃係（ジャニター、ジャニトレス）も、職種として用意されていた。こういった業務を総合して、カストディアル・サービスと称され、それら業務を指揮、監督する人はカストディアンと呼ばれていた。総勢で百名近い社員が、アメリカ大使館の管理に当たった。

このときも人員の確保は、主に元従業員としたが、庄太郎はそこで具体的にアメリカ流の合理性を実行する。事前に従業員たちの働きぶり、人格、性格などを調べ、隠れていたリーダー的素質のある人間を現場の新しい責任者に抜擢したのである。この、他の従業員の目にもハッキリと見える人材管理手法は、その後の庄太郎の会社経営に生かされることになるが、当初からその手法は有効であった。従業員のヤル気と職場の明るさを引き出し、作業の効率化と質の向上をもたらしたからである。

と同時に、庄太郎はGHQ時代に見聞きしていて、「これはいい」と思ったことをいくつか導入した。

GHQが各現場で使っていたビル管理の具体的な手法をまとめたテクニカルマニュアル、『カストディアル・サービス・アンド・サプライズ』（「建物管理業務と資材」）を翻訳させ、特に、清掃のしかたについては、これを基本的な〝教科書〟とするように現場に指示した。これはやがて日本流に内容を改定され、業務ノウハウをまとめた業界の〝教科書〟的存在になる。

そのマニュアルで指定されたアメリカ式の優れた清掃用の機材、資材の導入も積極的に行った。例えば、床の洗浄を、ただ水で洗い流すだけでなく、洗剤を使って洗い、その上にワックス（床面維持剤）を塗って磨くようになったのも、フロアーブラシや電動床磨き機、真空掃除機などを使うようにしたのも、アメリカ式を引き継いだものである。

日本不動産管理の管理手法は、こうしたGHQ仕込みの合理的なアメリカ流と、現場担当者に責任を持たせ、きめの細かい気配りと有事即応の〝完璧主義〟という三菱地所の管理部が伝統的に行ってきた人間重視の日本流が、自然に見事に融合したもので、それを新会社は、発足当初から実施していたことになる。

新会社には、さらにいくつかの新しい管理手法が蓄積されていった。

その始まりは、同じ年の十一月十八日に完成した三菱地所が建てた新丸ビル（東京駅前に、丸ビルと対置する形で建てられた）に負うところが大きい。

新丸ビルは、地上八階地下二階、建坪約二千四百五十坪、延べ床面積約一万九千八百坪。丸ビルよりも約二千坪多い大きな建物で、当時は、東洋一を誇るオフィスビルであった。東京・丸の内一帯は、大正十二（一九二三）年、丸ビルの出現によってビジネス街としての評価を高めたが、このときの新丸ビルの完成は、折からの「対日講和条約」の発効、接収されていた〝三菱村〟の接収解除もあり、ビジネス街としての丸の内の復権を意味していた。

その新丸ビルが新しい管理手法を生み出すことになる。

◎——新丸ビルのテナント各社との清掃業務契約

新丸ビルのオーナーである三菱地所は、ビル全体の設備管理や警備防災関係は自前で同社の管理部が行う。しかし、テナントとして入居する企業などの専用部分の清掃については、日本不動産管理が、三菱地所に代わってテナント各社と契約して行うことが認められた。人手不足で困っていた三菱地所は、スタートした日本不動産管理の仕事ぶりを評価して、営業的なセンスのある浅地庄太郎社長からの密かな提案を受け入れたのである。テナント側も、個々に自前で清掃するとなるとさらに人手がかかる。「これは便利」とテナント全部が日本不動産管理と契約を交わした。

このように、テナントが個々にやるべき清掃業務を、ビルのオーナー任せではなく、〝外注〟するという方法は、日本ではそれまでになかったことであった。

これによって、ビルのオーナーだけでなく賃貸ビルに入居しているテナント各社も、契約によるビル管理業の対象となった。

この新しい形態の業務の出現に伴い、〝清掃業務見積り〟の方法が確定した。清掃業務の受注の際の契約の基本を、床面積単価を設定し、それに総床面積を掛算する料金見積り方法が広く一般化したのである。

これは、アメリカ大使館と契約したときの清掃業務分の見積り算定方式を踏襲したものだった。平方フィートを坪に直しただけの発想とはいえ、これで新会社の清掃業務の見積り算定方式が確定し、顧客に費用が明朗であるという印象を強く与えた。ちなみに、新丸ビルのテナントを対象にした当初の清掃の坪当たり単価は、一か月当たり二百円であった。

さらに、日本不動産管理が新丸ビルのテナント各社と清掃業務の契約を結んだことが、日本に、アメリカ生まれの〝パートタイマー〟という雇用システムを定着させるきっかけにもなった。この点も注目されていいことである。清掃業務の場合、共用部分のエレベーターホールや階段などは、利用者に一時的な不便を許容してもらえば昼間の作業でも十分行える。しかし事務室内はそうはいかない。どうしても夜間や早朝の、事務室内で働く人たちが不在の時の作業になる。その結果、パートタイマー制度が導入されたのである。

三菱地所では、当時アメリカ人バイヤー関係のオフィスが入居していた丸の内の仲七、八号館で小規模ながらパートタイマーを採用していた。日本不動産管理は、そこに着目した。一つの雇用形態として取り入れたのである。パートタイマーの主体は主婦層であった。当時は女性の職場が少なく、公募以前から人づてや口づてで希望者が殺到した。かなりの人気職種となったのである。このパートタイマーは、その後ビル管理業界全体に普及していくことになる。

このように、浅地庄太郎が社長として陣頭指揮した日本不動産管理という新会社は、日本にビル管理業という新しい業態を生む草分けとなっただけでなく、会社の経営手法、従業員の雇用形態という面でも先進的方法を導入していったのである。

視点を変えれば、戦後ＧＨＱが持ち込んだ西欧の合理性に富んだ良質の仕事の進め方を、庄太郎らは大切な遺産として正しく継承し、それを新生日本の社会制度に積極的に生かしていった。

日本不動産管理は、英語名でいうとジャパン・カストディアル・サービス（Japan Custodial Service Co., Ltd.）となり、略称は「ＪＣＳ」である。アメリカ大使館関係の建物に出入りするときには通行証の提示が義務づけられ、そこにも「所属・ＪＣＳ」の表記があった。大使館内ではその略称がたまたま「アメリカ軍統合参謀本部（Joint Chiefs of Staff）と同じ略称であったため、よく「随分、偉い会社だなあ」と冷やかされたというエピソードも残っている。

アメリカ大使館の管理業務を国を代表して請負っているという誇りが、庄太郎にビル管理業へのさらなる意欲と熱意をもたらした。

◎――業務の悩みを救った田中定二の参画

日本不動産管理は業務拡大を続けていたが、庄太郎はその拡大の中で、いくつかの問題の解決を迫られ、それを乗り切っている。

最初の大きな問題は、新会社発足の約四か月後に起きた。現場の責任者、総支配人を、急遽新たに探さなければならなくなったことである。

新会社は、発足当初総支配人に三菱地所から管理部出身のベテラン、五十嵐孝三を迎えた。そのため庄太郎は、日常の現場の実際の作業は全面的に五十嵐総支配人に任せておけばよかった。ところが、その五十嵐を三菱地所側が「引き揚げる」といってきたのだ。

三菱地所側には事情があった。GHQに接収されていた丸の内の〝三菱村〟が続々と接収解除で返還され、三菱地所が自前で管理しなければならないビルが増え、ベテランの人材が必要になったのである。

庄太郎は悩み、人探しをする。

そのときに、ひらめいたのが田中定二だった。かつて日本栄養食時代に、現業部門の支配人として雇い入れ、一緒に働き、気心も知れている人物である。戦時中の戦局拡大の中、軍需工場として大きくなっていた日本建鐵の給食課長にスカウトされ、たもとを分かっていた。以降親しいつきあいはなかったが、戦後は、個人で工場を経営して苦労していると聞いていたから、探し出して連れてこようと思ったのである。

「どんな人物か」と三菱地所側は気にしたが、三菱地所から日本不動産管理の取締役陣に名を連ねていた亀山誠が「自分と同じ八高（旧制）の後輩で、顔は知らないが、およその氏素姓は知っておる」と助言をし、採用は即決であった。

田中の総支配人としての採用は、昭和二十七（一九五二）年八月で、五十嵐から田中が仕事を引き継ぎ、九月から庄太郎・田中定二のコンビがスタートした。

田中は、一生懸命に働いて庄太郎を大いに助けたが、数か月の現場経験を積んだ後で、その経験を加味して先述のテクニカルマニュアル『建物管理業務と資材』を日本人従業員にぴったり合うように改訂するということなどをやってのけている。改訂版ができたことで、その後日本不動産管理では、現場のかなりの作業を、極端にいえば、入社したその日から誰でもがこなせるようになった。

田中は、その後ビル清掃業務のバイブルと言われる『建物清掃の実際』（令和二年知玄舎より復刻新訂版発刊）を上梓し、日本ビルサービス専務取締役を退職後、株式会社社会環境研究所の顧問となり、財団法人ビル管理教育センターや一般財団法人建築物管理訓練センターの講師として、業界全体の清掃業務のレベルアップに貢献した。田中の長女、梅澤やよひによると、田中は『建物清掃の実際』執筆に当たって「ごみとは何か、ホコリとは何かの定義に二、三年間の時間をかけて考え続け、同書の執筆にとりかかった」という。それだけに、いまだにその田中理論を超えるものはなく、継承されている。「清掃を科学にした人」として、その功績には多大なものがあり、忘れてはならないキーパーソンの一人である。しかし田中が同書をまとめることができたのも、日本ビルサービスでの経験と学びがあったればこそであり、その点も忘れてはならないだろう。

五十嵐初代総支配人が去り、三菱地所から送り込まれたその他の現業関係者としては、消防士出身の丸山清吉が残っているぐらいであったが、日本不動産管理の仕事は順調で、昭和二十八年十二月には日本専売公社本社ビル（港区赤坂）、翌年三月には農林省ビル（合同庁舎第一号館。千代田区霞が関）、同年十月には東京瓦斯ビル（中央区八重洲）など、大小含め次々に仕事が増えていった。そのころには親会社・三菱地所が、自分の所有するビル、三菱仲六、七、八号館（千代田区丸の内）の管理業務一切を委託してくれるほどになっていた。

いくつかの問題の中で、やがて庄太郎にとって最大の問題となったのは、親会社・三菱地所が、「地所本来の姿、賃貸ビルのオーナー会社として本格的な業務展開をするため、日本不動産管理を浅地庄太郎に譲る形でビル管理業から手を引きたい」といってきたことであった。

当時は、労働運動の幅広い台頭などがあり、貸貸ビル業が人員的には少数精鋭で対応できるのに比べ、清掃業務を抱えるビル管理業は、多くの社員が必要であり、「各現場で、三菱の子会社の従業員がストライキなどのトラブルを引き起こしては……」という心配が、一部重役たちの間に根強くあり、これが庄太郎を悩ますことになる。

もっともそれは、具体的には昭和三十二（一九五七）年に入ってからで、それまでは小さな問題はいくつかあっても、庄太郎の日本不動産管理は順調に業務を拡大させており、当然現業の従業員の数も、急速な勢いで増加していた。

◎――マッカーサー元帥私邸にも足を向けたアメリカ訪問の旅

昭和三十（一九五五）年九月、庄太郎はアメリカ国務省の招待で、三か月間、アメリカ訪問の旅に出ている。

これは、講和条約の発効によって独立国家となった日本の有力な指導者たちをアメリカに招き、アメリカ国内で希望する場所や人物を訪問させ、アメリカ文化を日本に浸透させようという試みであった。そのプログラムの対象に、庄太郎も選ばれたのである。

プログラムの第一回目は東畑精一・東大教授（当時。農業経済）らで、学者らは三〜五人のグループで日程が組まれていた。庄太郎の場合は一人であり、「何か訪問先で希望するところはないか」と問われて「たいした希望もないけれども、アメリカの中産階級の家庭を拝見したい」と申し出た。すると日程は比較的日系市民の多い地域のロータリークラブの幹部たちを紹介する形で組まれた。それとは別に、庄太郎の表敬訪問の希望を入れ、特別の計らいとして退役していたマ元帥こと、ダグラス・マッカーサー元連合国軍最高司令官の私邸訪問が組み込まれた。庄太郎がGHQ住宅建物局勤務中にマッカーサー元帥と顔見知りになっていたために実現した日程であった。

マ元帥は、朝鮮戦争の後半、連合国軍最高司令官として、北朝鮮軍に合流した中国軍を叩くために中国本土爆撃を主張した。が、トルーマン米大統領と対立し、その職を罷免（一九五一年四月十一日）され、故郷の米国アーカンソー州に帰っていたのである。

罷免されたそのわずか五日後に、あわただしく日本を離れる際に、マ元帥が残したメッセージの中の一節、「……老兵は死なず、ただ消え去るのみ」は、そのときのマッカーサー元帥の心象風景をよく表現している。それが、マ元帥に親しみを感じていた日本人の間だけでなく、男の仕事への誇りと終焉の哀惜を思う世界中のひとたちに、感銘を与えたのであった。

そのときのことを、後年庄太郎は、なつかしく振り返っている。

「……その後、海外へは五十回近く旅行をしたが、やはり、なんといっても第一回のそれが非常に印象に残っており、よいところに目をつけて、よいところを旅行したものだと思う。

ボストンへ着いたときはノースウエストの人が、ワシントンには国務省の、いわゆる儀典課長が迎えにきて、案内したりして、三か月間タダで飲み食いさせてもらった。……行く先々には、国務省の本省の方から、こういう人が行くからと、みんな予定が回っている。

それを地元の新聞記者が見て、『あ、これはおもしろそうな人物だ』というわけで、ロサンゼルスへ着いたら、マッカーサー元帥の友人が日本人として初めて入ったといって、待っていた。夜中の十二時ごろで、これには私もびっくりしてしまった。……

最後の打ち上げをロサンゼルスでやったら、まあ、これが非常にうけてしまって、『日本人で、あれだけ、ま、言葉は下手だけれども、アメリカ人を笑わせたり、涙を出させたりして、そういう演説はあまり聞いたことがない』といわれた。ガバダー・ナイトという人が私の隣に座って、『あなたは何をやっているのか』と聞くので、『私は商売人ですよ』と答えると、『へエー』とびっくりして笑っていた。そして、仲良くなった後に、『こんな時代に最初にくる日本人だから、僕は、あなたが商売人じゃなくて、てっきり官吏と思った。アメリカ人よりも、はるかにモダンな生き方をしているように思われ、感心してしまった』といっていた。……」(昭和五十八年六月十四日。川崎の自宅にて。本人談)

マッカーサー元帥の〝日本時代の友人〟という触れこみは、どんな日本人かという興味を抱かせ、英語でスピーチするという庄太郎は、どこへ行ってもロータリークラブなどの主力メンバー、いわゆるアメリカの中産階級の人たちに囲まれ、ホームパーティーに招かれたりした。ロサンゼルスでうけたスピーチの内容が何であったかは定かではないが、英語力があったので、庄太郎は、気分的には楽にアメリカ旅行をしてきたのである。

マッカーサー元帥邸への表敬訪問も、庄太郎には忘れ難い思い出となった。

マッカーサー元帥が死去（一九六四年、八十四歳で没）した直後、日本の新聞社に依頼されて書いた追悼文から、そのあたりのことを引用してみよう。

「マッカーサー元帥がいる間、私は駐留軍の設営関係の仕事をしていたので、いろいろ話すチャンスが多かった。元帥の朝食は、毎日、ベーコン、トースト、コーヒーの献立で、フィリピン以来、一日も変えたことがなかった。毎朝、ガウンで、官邸の周囲を二十分間歩いていた習慣は、アメリカへ帰ってもずっと続けていたらしい。……

八年ほど前、渡米したとき、マ元帥宅を訪問したが、応接間には金屏風、花瓶、コーヒーテーブルなど日本の民芸品がぎっしり並んでいた。金屏風の金箔がはげ落ちたときは、年老いた二世の職人をやっと捜し出して修理したという話もしてくれた。敗戦で滅茶滅茶になった日本の復興に努力しただけに、日本の印象がいつまでも頭に焼きついていたのであろう。……」

(『毎日新聞』昭和三十九年四月六日)

日本での思い出の品に囲まれた応接間で、退役したマッカーサー元帥が語り、庄太郎が頷く、柔和な二人の笑顔が彷彿とされる素晴らしい追悼の言葉になっている。

第十章　日本ビルサービスの設立と躍進

◎――苦悩の末の決断、ビル管理業専門会社としての独立

昭和三十二（一九五七）年七月、日本不動産管理株式会社は、姉妹会社「日本ビルサービス株式会社（Nihon Building Services Co., Ltd.：略称ＮＢＳ）を設立、そこへ日本不動産管理の業務、運営、一切を引き継いだ。

契約によるビル管理業専門の会社として衣替えをし、再発足したものであり、再発足した会社の社長にもまた浅地庄太郎が就任した。

というよりも、実質的にこのときから浅地庄太郎は、自分の全責任において会社を経営する、つまり、独立して自前の会社を設立したのである。

三菱地所は、今後は日本不動産管理時代とは違って、再発足会社に事務所を貸す〝家主〟であり、あるいは仕事を依頼する〝有力顧客〟となった。業務上の現場などで協力する〝親戚会社〟的な関

係は維持したが、経営には関知しないことになったのである。

この時点で、日本不動産管理の契約による建物管理面積（つまり仕事量）はざっと総計二十六万平方メートルを超え、社員数は、パートも含めて一千名余に達していた。しかも、社員構成は清掃業務を行う現業員が圧倒的に多かった。

その経緯には、三菱地所の思惑があった。というのは、当時労働運動が台頭し始めた時期であったので、それを危惧し、三菱地所は契約によるビル管理業からは手を引くことにした背景がある。

それで庄太郎は悩み考えた。その末に、「自分が跡を引き継ぐしかない」と断を下したのだ。庄太郎にとっては、会社として独立を決断するのは大きな勇気が必要だったが、従業員たちは「会社の名前が変わっただけ」に過ぎないと受け止め、現場の作業は何の支障もなくスムーズに進められた。

事務所もそのまま、丸の内の三菱東七号館一階（現在の新東京ビル付近にあった）の日本不動産管理の事務所を引き継いだ。

日本ビルサービスが発足したとき、庄太郎は五十二歳になっていた。

庄太郎は、三菱地所側のビル管理業からの引き揚げの動きを察知したときに、さほど驚くこともなく、意外に平静だった。三菱地所のビルオーナー的な考え方、社員急増に対する危惧も容易に理解でき、確かにそのことへの不安は、自分自身、社長の立場にいて常に感じていることでもあったからだ。そして、もしものときは「自分が跡を引き継ぐしかない」とも密かに考えていた。

しかし、姉妹会社を設立して……という話が具体化するにつれて、庄太郎は悩み迷った。

自分には、これから大きく成長するであろうビル建設ブームの兆しが見えていた。果たして急成長しそうな事業を一人で賄える力量が、自分にあるだろうかと思い悩んだ。もしも危惧される労働争議が現実に現場で起きたら、その〝現場〟の場所は、すべて顧客、お客様のビルということになる。そんなことになったら、当の顧客からだけではなく、世の中からも批判され、信用を失うだろう。そんな〝悪夢〟の前に、しばしたじろぐことが再三あった。

ビル管理業には、宿命的といっていいほどそうした危惧がつきまとった。

しかし、だからと言って「仕事を投げ出すなんてとんでもない。ここはやるよりほかにない」と決断したのである。

考えてみれば、昭和二十年八月の、あの日本の敗戦のとき以来、自分は、自分の意思というよりは周囲の事情や時の流れ、時代の変化をそのまますなおに受け入れてきた。受け入れた場所、位置で、自分なりに最大の努力をしてことに当たってきた。その結果、ここまで来ることができたのである。

そう考えがまとまると、庄太郎は、自然に祈りの言葉、経文が口から出ていることに気がついた。

子どものころ、仏教の盛んな郷里の金沢で習い覚えた経文である。子どものころは、意味もよくわからずにただただ暗記し、言葉の発音の流れを記憶していただけの経文の意味する教えが、体に浸み込むかのように納得できたのである。

「観自在菩薩《かんじざいぼさつ》。行深般若波羅蜜多時《ぎょうじんはんにゃはらみたじ》。照見五蘊皆空《しょうけんごうんかいくう》。度一切苦厄《どいっさいくやく》。……」

『般若心経』の冒頭部分である。

観音さまは、深般若波羅蜜多を行じることにより、この世のすべてのものが空であると悟られ、一切の苦しみを克服された。私たちも観音さまを見習い、修業を積もうではないか。「深般若波羅密多」は「六波羅密《ろっぱらみつ》」のことで、その六つとは「布施《ふせ》、持戒《じかい》、忍辱《にんにく》、精進《しょうじん》、禅定《ぜんじょう》、智慧《ちえ》」、すなわち、これらを修業することで、生じた悩みや問題をいかに解決するかというよりも、悩みや問題を起きないように心の修行をすべきだ、という教え。

『般若心経（仏説摩訶般若波羅蜜多心経《ぶっせつまかはんにゃはらみったしんぎょう》…唐三蔵法師玄奘《とうさんぞうほうしげんじょう》訳）』は、わずか二百六十二文字の短い経だが、そこに膨大な仏教経典の精髄が込められている。さらにそのエッセンスが、この冒頭の二十五文字にある。

そう考えつくと、庄太郎の気持は落着いた。

流れに乗って、心を空にし、その場所、その位置にいて精一杯に努力する。そう自分にいってきかせてみると、なんとなく体の中に自信のようなものさえ湧いてくるような気がしてきた。

そのためかどうか、危惧された不測の事態は、何一つ起きなかった。

危惧された不測の事態とは、いわゆる労働争議、あるいはそれに名を借りた〝政治的〟な職場騒乱の動きのことである。それがなかったことは、社長である浅地庄太郎にとっては、たいへん幸せなことであった。

いかに庄太郎が気配りの人であり、柔軟な発想の持主で、従業員の待遇や職場の良好な環境づくりに心を砕いていたとしても、従業員の中に、悪意の持主が少数でもまぎれ込んでいれば、危惧された不測の事態が起きていたかもしれない。それが起こらなかったことは、会社の安定経営と信用につながる大変幸せなことであった。

◎──和の精神を土台に職員の待遇改善を軸にした経営哲学

日ソ国交回復（昭和三十一年十月。昭和二十六年のサンフランシスコでの「講和条約」に調印しなかったソ連が日本と単独講和を締結）、日本の国連加盟実現（同年十二月。日本が国際社会へ復帰）と世の中全体は平和ムード到来になっていたが、駐留米軍の精鋭部隊による基地の固定化と一般陸上部隊の撤退が、日米安保の改定問題（昭和二十六年調印の日米安全保障条約の十年めの更改、昭和三十五年が近づいていた）とからんで、労働組合などの批判勢力が〝反米〟の立場で動いていた時期だった。それだけに、庄太郎は緊張した毎日を送っていた。アメリカ大使館本館や大使館職員宿舎の管理を受託している立場としては、何かが起きては困るのだ。

受託するビルの数は順調に増え、業績も上がっていたが、それに比例して従業員数も増えていたから、〝安保改定騒ぎ（昭和三十五年五、六月の安保を巡る国会の動きと周辺の反対闘争）〟が一段落するまで、庄太郎は神経を張り詰めていた。

常識的な形での職員の待遇改善、人事制度、協調的な労使関係の確立を考え、いくつかの腹案を検討はしていても、庄太郎としては、その時期、下手な動きはできなかったのだ。

世間の騒ぎが一段落したころ、ようやく庄太郎は、職員の待遇改善を軸にいくつかの腹案を社内に示した。その一つが協調的な労使関係。相互に腹臓なく意見を出しあい、話し合いができる形で制度として作りたい希望を漏らした。折から、技術系の社員の間でも、生活の安定と福利厚生面の充実を希望する形で、各職場がゆるやかな連携をしようという動きが出ており、図らずも労使が似たような発想を持っているとわかり、ことは建設的に進んだ。

そして、昭和三十六（一九六二）年三月、技術関係の社員による職員協議会が結成され、ほとんど時を同じくして、技術関係以外の社員、事務系や警備関係、パートタイマーを除く清掃業務関係の社員による職員会も結成された。二つの会は、会員たちの要望によって、いわゆる労働組合ではなく、あくまでも会社の発展に自分たちが寄与することで会員の生活向上と福利厚生の充実を図ることを目的とすることが強調された。

また同年五月には、全社的な福利厚生機関として、共済会が発足。会員、つまり社員のために、さまざまな事業を行うことが制度、組織として具体化された。

共済会の事業は、物品の割引購買、慶弔、病気などへの扶助などのほかに、ビルの事業所ごとに年二回、春と秋に行われる慰安旅行や慰安会への補助金支給などもあり、その後も年齢幅の広い会員たちが、それぞれに十分楽しめるよう工夫した運営が行われた。

やがて、職員協議会、職員会と会社側が話し合い、社員の定年は六十歳だが、健康状態など一定の条件を満たせば六十五歳までの勤務が可能という、当時としては斬新な定年制の確立（昭和四十六年十月）にまで進む。この定年制には、六十五歳までの五年間の嘱託期間中は定年時の給与と同額を支給（定期昇給はないがベースアップはある）、さらに希望する者には二年間に限り、臨時日給制（パート）で再々雇用も可能という画期的な〝思いやり定年〟部分が加味されており、これは他社には見られないものであった。

むろん、庄太郎の社員を思う気持から出た措置なのだが、その後、高齢化社会を迎えて定年延長についての行政指導が強化されていることを思えば、こうした日本ビルサービスの定年制は、まさに時代を先取りしていたということができよう。

◎——「社員の生活を守り」「お得意先の満足を得て」「会社の継続を図る」

浅地庄太郎は自らの経営理念について、『労働新聞』（昭和四十九年七月十九日、二十五日）などに記している。それらをもとに庄太郎の経営理念について見てみたい。

庄太郎の経営理念は、「参画経営」または「参画型経営」といわれ、昭和三十年代の末ごろ、当時もてはやされていたフレデリック・W・テーラーの科学的労務管理手法には労働者の人権に対しての配慮が欠けていることが大きな問題であり、その欠陥を埋めるためにはどうすべきかという問いからスタートし、形成されていったという。その中心には、少なくともわが国においては「和の精神」があるべきであり、「科学的管理手法よりも、日本古来からの『集団イズム』を経営の中に取り入れるのが、人を中心として成り立っているビルメンテナンス業では正しいのではないか、そう感じたのである。そして、そこから、『経営参加』『参画型経営』を志向すべきであるとの判断に立ち至ったのである」（同新聞より）としている。

そして参画型経営のイメージとしては、「たとえば一つの家を建てる場合、みんなが『家を建てる』という共通の意識に立ち、それぞれの職分に応じて力を発揮しなければ、立派な家は建たない。これは、企業でも同じである。賃金をもらうから仕方なしにでは、その企業の発展は得られないし、利益も当然少なくなるから、利潤分配としての賃金も低くなるはずである」とし、『参画型経営』ということは、つまるところ、『会社の誰もが経営者だ』ということになる」（同新聞）と結論づけている。

また「参画経営の中では、仕事というものは、これまでのように命令での仕事ではなく、目標に挑戦する仕事でなくてはなりません。デイリーにやっている仕事を、毎日繰り返しているだけで満足していないか、何か目標をもってそのために毎日積み上げていくことを、なぜやらないか自問自答し、現状からどう変革させていくべきか、目的意識を持ってほしいのであります。このような基盤に立ってはじめて高能率を実現し、高配分を受ける、いわば賃金を成果の配分とする考え方が成り立つのであります」（昭和五十年年頭挨拶）

社員一人ひとりが経営者であるという当事者意識と問題意識を持って業務に取り組み、効率の高い仕事を提供して利潤を上げ、社員一人ひとりが高い配当を受け、会社の発展を図るというのが、庄太郎が目標とした参画型経営であり、いまだに色褪《あ》せてはいない経営理論である。

こうした考え方は、その後「ビルと共に生きる」という企業理念と、「社員の生活を守り」「お得意先の満足を得て」「会社の継続を図る」という三つの目標に結実し、日本ビルサービス株式会社のミッション、ビジョンとして長年にわたり追求され、同社がビル管理業界のリーディングカンパニーとして確立する上で大きな原動力となった。

斬新な定年制の採用は、庄太郎の次のような〝経営哲学〟によるものである。

「……人間の使い捨ては、いっこうに反省されていない。定年制延長という言葉はあっても、不況になると五十五歳の働き盛りを、レモンの絞りカスのように捨て去っている現実がある。〝従業員は企業の宝〟といった言葉が、なんと空しく響くことか。人間の使い捨てが正されない限り、〝生きがいの経営〟〝全員参加の経営〟などは成り立つはずはないのではあるまいか。……

このような実情は、わが国の労働態様が〝職〟中心ではなく〝会社〟中心におかれているからであろう。わが国では〝職〟といったときは、会社員、公務員というように雇用関係で称されることが多い。したがって、子どもに『お父さんの職業は？』と聞けば、『三菱にいます』といった言葉が返ってくる。これに対して欧米では、旋盤工だとか、清掃人といった言葉が返ってくる。事の良し悪しは別にして、この差は職業に対する見方の差であろう。

昔、士農工商という身分の差が定められて以来、わが国では、どうも職業に貴賤があるような見方をする風潮が強い。現代でいえばホワイトカラーは〝良い仕事〟で、ビルメンテナンス業の清掃人は〝いやしい仕事〟といった見方をする。ニューヨークの清掃人が、『世界で一番尊い仕事をしている』と評価されているのとは雲泥の差である。

人間は、仕事をし、賃金を得るためにだけ会社へ出勤するのではない。自分の家族、社会の要望などを背負って出社するのである。仕事とは、家族や社会へ自分の実力を提供する〝任務〟なのである。……仕事は〝職能〟ではなく、社会に対する〝機能〟であると考えるのが自然であり、〝生きがい〟〝働きがい〟は、その機能が十全に果たされたとき、生まれるものであろう。……(『労働新聞』昭和四十九年七月十九、二十五日所載「私の経営理念」より)

堂々たる経営哲学である。フレデリック・W・テーラーの管理手法は、戦後の一時期、アメリカ流として日本でもてはやされていたものだが、欠陥は、まさに、庄太郎の指摘通りであった。庄太郎は、生涯、その哲学を実践し、貫いた。

◎――長男・正一の入社時のエピソード

庄太郎がビル管理業を始めて八年目、自分の会社・日本ビルサービスを設立して三年目の春、昭和三十五(一九六〇)年、庄太郎は、長男・正一を自分の会社に入社させている。

といっても、正一の入社は、はた目に見るほどすんなりと決まったわけではなかった。

親子の確執、というほどのものはなかったのだが、父も子も、それなりに逡巡し、考え、悩むところがあった。

正一は、戦後軽井沢から戻って、姉・恭子と一緒に田園調布国民学校（東京・大田区）へ通っていたが、四年生のとき私立の暁星小学校（千代田区）へ転校。中学からは慶応義塾へ入り、中等部（中学）、普通部（高校）、大学（経済学部）へと進んでいた。文武両道で、学業もスポーツもなかなかのもの。学業では高校で総代に選ばれ、スポーツは中、高校で庭球部で、大学ではゴルフ部でいずれもキャプテンを務めた。

その正一が、いよいよ大学を卒業するとき、庄太郎は正一を、自宅の応接間に呼んで尋ねた。

「就職する気はあるんだろう？」

「はい。……ある会社から、強く、来ないか、といわれているし、ほかにも二、三、声がかかっているので、どれにしようかと思っているところです」

報告する正一の顔を、庄太郎はジーっと見つめ、少し沈黙した後、上半身を乗り出してゆっくりと自身の考え語り始めた。

「……お前は当然、オレの会社に来ると思っていたんだが……。他人が〝お掃除屋〟といおうが何といおうが、オレは世の中の役に立つ、新しい、素晴らしい仕事だと思ってやっている。この事業は将来も大いに発展性ありと先を読んでやっているんだ。……いいか？　お前は、よその会社でよその人のために働くのではなく、オレの会社へ入って、自分のために働け……。ぜひ、入れ。入るべきだ」

息子・正一への期待が込められた言葉だった。

「……」

正一は、無言で父の言葉を受け止め、入社することになる。

庄太郎は応接間で、正一を相手に、社長であり父である立場で大いに熱弁をふるったが、実は庄太郎自身も、息子・正一を大学卒業と同時に自分の会社に入社させることに、いささか迷っていたのだ。

すぐにではなく、三〜五年はよそで〝修業〟を積ませた方が、仕事とはどんなものかを覚えるのに好都合だという考えが当然あった。よそのメシを食わす方が世間のことがよく理解できるようになる。すぐに入社すると、どうしても〝甘え〟が出てしまい、将来経営を譲ろうという肝心なときに、それだけの実力が身についていないかもしれない。そういう心配があって迷っていた。おそらく、正一の答え方が、「ええ。……お父さんの会社で使ってくれるんでしょう?」というニュアンスであったら、庄太郎はこう言っただろう。

「お前は、何を甘ったれているんだ。……よその会社で修業をして来い!」

実際とは逆の発言になっていた可能性が高かったのではなかろうか。庄太郎の日ごろの息子・正一に対する鍛え方には、〝男の子は……〟という基本的な発想があったからだ。

庄太郎は、正一が入社して二日目、会社の事務所で、正一にきつく、こう言い渡した。

「……お前、ゴルフはきっぱりと止めてもらうよ。……学生時代に十分にやっただろうし、お前の入った会社は、まだ歴史も浅く、経営基盤もしっかりしていない。確かに業績は順調に伸び、それなりの収益も上がってはいる。だが、この先どうなるかはわからないんだ。今、この商売は、いわばビルの〝ご用商人〟だ。いってみれば、正面玄関ではなく裏側の通用門から出入りする商人なんだ。その商人が、お客様である人たちと同じことをしていてはお客様に失礼に当たる。……ましてや、お前は新入社員だ。ゴルフは禁止だ」

「……」

「いいか、よく考えなさい。……考えればわかることだ」

正一は「正直いって、あのときは呆然、茫然だった」と後になって、入社二日目の出来事を振り返って語った。「ゴルフ禁止を先にいわれていたら、あの当時は学生気分のままだから、ま、絶対にオヤジさんの会社には入らなかったろう」と。

しかし息子の正一は、きっぱりとゴルフを断ったのである、以後、十年間も。

ゴルフ禁止令が出てから六、七年後になると、さすがに庄太郎の方から「そろそろ〝解禁〟にしたら……」と持ちかけることが多かったが、正一は意地になって「十年間はやりません」と頑張った。もっともそのころは、むしろ自分に言ってきかせる方にウエイトがかかっていた。「社員として、仕事ができる一人前の男になるまでは」と、自分を厳しく律する気持ちが芽生えていた。

「この親にしてこの子あり」といえるエピソードである。

ところで、息子に禁止令を出したそのゴルフを、ちょうどそのころから庄太郎は熱心にやるようになっていた。

庄太郎のゴルフ歴は戦後の昭和二十三年ごろから始まった。日本不動産管理の時代、営業的なつきあいで誘われ、戦前からあった銀座・富士アイス（現教文館ビルあたり）の地下の練習場に通い、ほとんど自己流で覚えたものである。しかし自己流ではあったが、長身でガッシリした体格であり、生来運動神経も優れていたから、飛ばし良し、寄せ良しの、かなりしっかりしたゴルフを身につけていた。

正一のゴルフは、その庄太郎の影響を受けたもので、大学時代にすでにシングルの腕前だった。だから、父・庄太郎は、正一の入社二日目に、あえてゴルフ禁止令を課し、辛いことではあったが、正一もその意味を理解して禁止令を守り抜いたのである。

◎――ABM社T・ローゼンバーグ社長から贈られた金言

息子・正一の関係するエピソードをもう一つ。

庄太郎は、正一が日本ビルサービスへ入社する気持ちを固めた直後、正一を、単身、アメリカへ、三か月間の〝修業〟に出している。

アメリカ最大の民間ビル管理業者、ABM（American Building Maintenance Company）のローゼンバーグ社長（当時）宅へホームステイさせ、〝社長のカバン持ち〟をしながら、「ビル管理業とは何か、その全体像を、業界先進国であるアメリカで勉強をしてこい」ということであった。

庄太郎とABM社のローゼンバーグ家とのつきあいは、実はT・ローゼンバーグ社長の息子、ドナルド・ローゼンバーグが関係している。きっかけは、その二年ほど前のこと、ドナルドが日本ビルサービスを設立したばかりの庄太郎を尋ねてきたのが最初。日本へ短期〝修業〟にきていたドナルドが、輸入ワックスを扱う大手業者リンレイ（東京・銀座）の紹介で「日本にも自分たちと同じようなカストディアル・サービスの民間会社があると聞いたが、ぜひ実情を知りたい。仕事を見学させてほしい」とやってきたのだ。

そのとき庄太郎が、ドナルドの面倒を親切にみた経緯がある。川崎の自宅にも招いて泊め、そこでドナルドは英語を得意としていた大学生の正一とも英語で会話を交わした。ドナルドは「日本に、父と子、両方が英語を話せる家族がいたなんて、大発見だ」と大喜びして帰っていった。

昭和三十四（一九五九）年、ドナルドが二度目の来日をした。そこで正一が父親の会社に就職すると聞き「それでは自分と同じ立場になるわけだ。それなら一度、アメリカのＡＢＭ社に〝修業〟に来たらいい。きっと役に立つことが学べる」と、正一を誘った。このドナルドからの提案は、庄太郎、正一ともに願ってもない招待であった。

この旅行で正一は初めてアメリカの土を踏む。

正一はローゼンバーグ家の歓待を受ける。ＡＢＭ社の仕事を見学、機材、特に清掃機器の充実ぶりに驚き、正一は「高価かもしれないが、この種の機器を日本へ導入すれば、その分人手が省けるようになるはず。すぐには無理でも、いずれはそうしたい」と考えた。

そして明日はいよいよ日本へ帰るという夜、正一はドナルドの父、Ｔ・ローゼンバーグ社長にリビングルームに呼ばれる。そこにはドナルドもいた。

Ｔ・ローゼンバーグ社長は、手に『ＡＢＭ五十年史』を持ち、それをパラパラとめくりながら、話し出す。

「……息子たち、正一も今では私の息子と同じだ、だから、息子たちへの私の〝遺言〟のつもりでいうのだが、……ＡＢＭの歴史は、私の親父、ドナルドには祖父に当たる男が、最初、近所の大きな邸宅の窓ガラスを磨かせてほしいといってピカピカに磨き、それを非常にほめられて報酬を手にしたのが始まりだ。商売として次第にオフィス・クリーニングもやるようになり、ビルを丸ごとクリーニングし管理するようになっていった。どんどん大きな仕事が入って、そのうち古くからのお得意先は規模が小さく、したがって報酬も少ないので、そこまで手が回らなくなっていった。……そのとき、大規模な取引先のビルのオーナーが、これからはクリーニングや管理も自分たちでやると言い出し、こちらの従業員を丸ごと引き抜いてしまった。それを次にはみんなが真似して、とうとうローゼンバーグの取引先は、ほとんどなくなってしまい、父と私は路頭に迷ってしまった。

そうなったとき父に声をかけてくれたのは、昔の古くからの知り合いで、こっちが規模が小さいからと取引を断ってしまった昔のお得意先だった。〝どうかね。ローゼンバーグ、また、私の家の窓ガラスを磨いてくれないかね〟と、そう言ってね。

それが私には〝教訓〟となっている。

……正一、君のところの得意先、お客様は、どうやら大規模なところばかりのようだが、私の経験では、大きな企業、資力に余裕のあるビルのオーナーは、いずれは独自にビル管理をやるようになる。だから、私が掲げてきた仕事のやり方、〝教訓〟から得たこと、〝小さなお得意先を大事に〟を基本に、そういうお得意先をいっぱい持ってやっていくことだ。そうすればお客が、自分たちの仕事を助けてくれるんだ。……」

ビジネスのあり方、経営の真髄に触れた、しかも、親しくなった者への温か味のこもった、それこそ〝遺言〟にふさわしい話しであった。正一が、感慨深く聞いたことは言うまでもない。

正一は、帰国後社長室で、ローゼンバーグの〝遺言〟をそのまま庄太郎に伝えた。

「そうか。……それはいい話だ。お前も、しっかりと覚えておくことだ。〝お客様を大事にすること〟、それは商売の第一義だ」

庄太郎は、正一のアメリカ体験報告を、じっくりと聞いた。庄太郎の目に、そんな正一が頼もしく映っていた。

早速、庄太郎は、T・ローゼンバーグに、息子が世話になったその礼状をしたため、秘書にタイプさせた。庄太郎は、そういうことにはマメで、機を逃さずに行動する。

その直後、ABMからの提案があり、日本ビルサービスは、情報資料の交換、清掃資材に関するABMから日本ビルサービスへのノウハウ供与などを含む技術提携を結び、今後は相互に研鑽し合うことで合意し、その友情的提携は、その後も続いた。

庄太郎が、思い切って若い正一をアメリカに送り出したことは、正一自身を業界人として育てる意味でも大きな成果となった。

◎――ダストコントロール方式と樹脂ワックスの普及に貢献

――油性ワックスの時期

ビル管理の業務の上で、大きなウエイトを占めているのが、清掃業務である。その業務は業界全体で、約七割と言われているが、日本ビルサービスの場合も、企業の出発がビル総合管理ではあったものの清掃業務のウエイトは高かった。したがって、清掃業務の改善――合理化への努力は、日々続けられてきた。

日本不動産管理が設立された当時、ビルの中の清掃には、天然油脂でできたワックスが用いられていた。だから床を清掃した直後は、「ソロソロ」歩かないと、油のためスルリとすべってしまいかねない危険があった。いや、事実、そうした事故は少なからずあったのである。

しかしながら、当時は、天然油脂で作られたワックス以外に床をきれいにし、長持ちさせるのに効果があるものがなかったため、すべって危ないことや、溶剤に発揮性のあるターペンを使用するため引火の危険があることがわかっていても、使用せざるをえなかったわけである。

――水性ワックスの登場

それが、昭和三十年代に入ると、水性ワックスに取って代わられていった。このワックスは、乳剤であるため、作業が容易であった。昭和三十年代の清掃は、水性ワックスで仕上げられる時代であった。油性ワックスとは異なり、その使いやすさが最大の利点であったが、難点は油性に比べて長持ちのしないところにあった。このために、一週間に一回ないし二回もワックスを塗らなくてはならなかった。

もっとも、水性ワックスの普及は、ただ単に作業のしやすさのみによるものではない。大きな理由の一つは、ビルの中の「床材」の変化に対応している。つまり、油性のワックスのときは、ビル内の床はほとんど「塗料などを施していない木床またはリノリウム」であった。

しかし、昭和三十年代から建ち始めたビルには、ラバータイルなどの床材や、アスファルトタイルなどの床材が使われ出してきた。そうなると、油性ワックスでは、床そのものを痛める恐れが出てきたのであった。

また、水性ワックスの利点は、油性ワックスが火気に弱いのに対し、その心配のない点である。油性は、どうしても火気に対する心配があったが、それがないというのはたいへんなメリットであった。加えて、臭気の差もあった。油性は油特有の臭いがあるが、水性は乳剤なので臭気はない。そこで、日本ビルサービスでは、床材に合わせて対応することにし、その結果として、水性ワックスが数多く使われることになった。

水性ワックスは、ワックスを乳剤化したものである。これを床面につけると、そこに含まれている水分が蒸発してしまう。このため、床面にはワックスのうすい膜ができて、床面を保護することになる。実際に使用してみると、そのワックスをはがそうとすると、これも簡単な作業ではがせることがわかった。また、すり傷などは容易に修復することが可能ということもわかった。そこで、会社としても水性ワックスの使用を奨励し、管理している各ビルで相次いで用いられるようになった。

――ダストコントロール方式

清掃業務では、床面をきれいに仕上げることが重要である。それもただ、見てくれだけではなく、床材にとっても、いわば栄養を与えるものでなくてはならない。

油性ワックスの時代――主として昭和二十年代は、ワックス作業が難しく、特定の人しか作業ができなかった。しかも、作業後はすべりやすいため、ビル内を歩く人たちは、転倒をしないように気をつけなければならなかった。この悩みは、水性ワックスの登場によって解消された。作業は特定の訓練を受けた人間でなくとも、容易にできるようになった。これ以上のものは考えられなくなったと思われだしたころに現われたのが、ダストコントロール方式と言われるものと樹脂ワックスである。時代的には、ほぼ同じころ、昭和四十（一九六五）年早々に出現した。しかし、使われだしたのは、ダストコントロール方式の方が早かった。この方式は、もともと、アメリカのベル電話会社で始まったものである。ベル電話会社では、ほこりによって電話交換機がよく故障をすることから、布にきわめて少量の石油系の油をしみ込ませて清掃すると、非常に効果が高いという発見をした。この方法をビルの清掃業務に応用したのが、ダストコントロール方式と言われているものである。

二工程を一工程に

ビル清掃に取り入れられたダストコントロール方式は、清掃用のモップの房に、ごく少量の石油系油をしみ込ませ、それで床面を清掃すると、一回だけの作業で済んでしまう。きわめて簡単な作業なのである。それまで、床面の毎日行う清掃は、二つの作業工程が必要だった。まず、最初に、ほうきで掃くことから始まり、二番目には、乾いたモップで床面をこする。言ってみれば、同じようなことを器具を替えて、二回の作業をすることになる。それを、一回で済むようにしたのが、ダストコントロール方式なのである。

そのほかにも、この方式にはいくつかの利点があった。清掃していても、ほこりが立つこともないので、衛生的であり、掃除をした後の手直しが必要でなくなった。したがって、冷暖房時に掃除をしても、窓をあけてほこりを外に出す必要がなくなった、というような利点もあった。

清掃作業中であっても、ほこりが舞い上がらなくなったというのは、後年、窓の開閉できない高層ビル、超高層ビルの発達を側面から促したといえよう。もし、掃除をするたびにほこりが舞い上がるというような従来からの手段しかなかったとしたら、ビル内の冷暖房時の掃除中、空気中のほこりの処理が、かなり厄介な問題として残ったであろうと思われる。

――ユニ・クリーニング方式の開発

日本でビルの清掃作業にダストコントロール方式を取り入れたのは、アメリカより十余年も遅かったと言われている。日本での普及は昭和四十年代に入ってからである。

だが、日本ビルサービスでは、三十年代後半にはいち早くこの方式を取り入れて、使いこなしていただけでなく、いろいろな実験を重ねていた。

そのリーダーが、上井勲（元副社長）であった。上井は、清掃資器材を担当していた吉江八十三らとプロジェクトチームを組んだ。最初は、ダストコントロール方式の効果を確認することであった。そして、その効果が間違いないものとわかってくると、関心は、どうしても油を用いなくてはならないのか、水ではだめなのか、というところに移っていった。

さまざまな検討と実験を重ねて出てきた結論は、ダストコントロール方式で用いる清掃用モップの房を油ではなく、水で半乾きの状態に湿らせておけば、「ダストコントロール方式」と同等の清掃効果があるというすばらしいものであった。

日本ビルサービスには、ビル管理関連商品の販売会社として、その傘下にユニオン商事という会社があったが、上井氏をリーダーとするプロジェクトチームが開発に成功した結論は、同商事から、ユニモップの商品名で売り出されることになった。これが、同商事のユニシリーズの始まりである。常にビル管理業界のパイオニアを自負し、業界の発展のためには開発したものを惜しげもなく提示していく日本ビルサービスの企業姿勢が、端的に現れた一つの好例ということができる。

――日本に持ってきたのは浅地正一

ダストコントロール方式を日本に初めてもたらしたのは、浅地正一以下、デビッド・ヤマダとロイ・ヒロシゲの三人である。三人は、サニクリーン東京を設立し、ダストコントロール方式の商品化を図る。昭和三十七（一九六二）年六月のことである。

ビルの出入口によく見られるマットは、サニクリーン東京から、世の中に初めて発売された商品である。マットは、油をしみ込ませたモップを応用したものと理解してよい。俗に言われるエントランスマットは、こうして誕生し、ダストコントロール用品が一般化するきっかけをつくった。

サニクリーンのグループには、鈴木清一（元ダスキン社長）も後から参加し、サニクリーン大阪の代表者になった。サニクリーン・グループの浅地、デビッド、ロイの三人は、ビルを対象とした事業を考えていたが、鈴木は、この商品を一般向けに仕立てることを思いつき、それが家庭用の化学ぞうきん「ダスキン」という商品になったのである。

アメリカのベル電話会社で、電話交換機の清掃に考えられた油つき布は、モップの房に姿を変えてビルの清掃に大活躍し、マットに姿を変えて汚れをビルの屋内に持ち込む予防を果たした。さらには、ぞうきんとなって家庭の主婦の労働を軽減させることに貢献したというわけである。ダストコントロール方式は、多岐にわたって、清掃手段の「大変革」をもたらした。

第十一章　高度経済成長とビル管理業界の生成発展

◎――業界のまとまりの先鞭役となった四社の結束

日本における契約によるビル管理業の草分けである庄太郎は、戦後日本の復興期と並行して始まり、裾野を広げていく業界の様子をジッと見守り、良い方向へ発展するように、陰に陽にさまざまな助力、指導をしていた。

〝業界としてのまとまり〟、社会全体、産業界全体の中での自分たちの仕事、業界をどう位置づけていくのか、機能的に有益で、しかも一定の節度を必要とする〝まとまり〟をどう描き、実際にどう連携し合うか……、それらのことに気配りをし、知恵を絞ったのである。

庄太郎はまず初めに、まだ数の少なかった同業者の中の、比較的経営基盤のしっかりした会社のトップに声をかけ、情報交換と親睦を目的に、四つの会社で「四社会」という集りを持った。声をかけた庄太郎の経歴、元GHQ住宅建物局日本人首席顧問、現に三菱地所系の日本不動産管理社長で、アメリカ大使館の仕事を受託しているという点が、自然に一つのリーダー的立場、求心力として作用していたといえる。

このときそろったのが、日本不動産管理（後の日本ビルサービス）、ビル代行、白青社、東京不動産管理の四社。業界の先発四社であった。

その四社会を一つの核とし、昭和三十六（一九六一）年七月には「東京ビルメンテナンス懇話会」が発足し、翌三十七年五月には懇話会が「東京ビルメンテナンス協会」へと発展する。

このころ、ようやく〝業界〟というとらえ方ができるようになった。

昭和三十年代に入り、日本経済は本格的な立ち上がりを見せ、敗戦によって打ちひしがれていた産業界は、日本経済が世界経済の中で機能しはじめた明るい先行き予想に奮い立ち、「生産工場の次は頭脳基地を置くべきビルの建築を」とばかりに、新ビル誕生がラッシュ状況を呈していた。そのような状況が〝ビル管理業〟を急拡大させた。

ビル管理業者がにわかに増え、業者間の激しい競争が起こり、主に中堅のビル管理会社の間から、「業界団体が必要。そこで情報交換、共通問題への対応を話し合うべきだ」という声が上がった。先発の大手「四社会」も、その主旨に賛同した。

当時、中堅どころの会社の経営者の中には、目先の自分の会社の利害だけに敏感で、「どうせオレたちは〝掃除屋〟だ」といった発言を平気でする者がいた。

庄太郎はそれをやさしい言い方だったが厳しくたしなめた。そして自身の〝経営哲学〟を熱を込めて語り、多くの中堅どころの経営者たちは、それに感激、賛同した。〝業界としてのまとまり〟は、このため一面「浅地さんの話しを聞く」集りの様相になった。そんな会合が重なって固まっていったともいえた。

同業者組織結成の動きはそのころ、全国的な広がりを見せ、例えば大阪では昭和三十七年四月、第一建築サービス、互光建物管理など九社が集って、「大阪ビルメンテナンス懇話会」が発足している。そうした全国的な業界の動きを見守りながら、三十四社が参加した東京ビルメンテナンス協会は、一か月後に、東京・神田宮本町に、業界団体としては初の事務所を開設、業界の全国組織作りのため動き出した。

◎──社団法人全国ビルメンテナンス協会の発足

東京ビルメンテナンス協会の初代会長には、浅地庄太郎・日本ビルサービス社長が選ばれた。業界団体を組織するに当たって、「ビルメンとは、ビルとマン、主役は人なんだということを経営者は自覚しなければならない。それがない者は失格だ」と自説を説いた庄太郎が、〝ビルメンテナンス〟と呼ぶことになった団体の長に選ばれたのは、いわば理の当然であった。

業界待望の全国組織「全国ビルメンテナンス協会連合会」の創立総会が、東京・ホテルニューオータニで開催されたのは、昭和四十一（一九六六）年一月二十四日のことである。

同連合会は、有力な十三の地方協会、札幌、仙台、東京、神奈川、中部、京都、大阪、広島、西日本、北九州、熊本、南九州、鹿児島の各協会が参加したもので、傘下の企業は計二百二十五社。

創立総会には、小平久雄労働大臣（当時）ほか多数の来賓が出席したが、この時点では、同連合会はまだ任意法人であった。

実はこの時点では、まだ主務官庁は決まっていなかった。年明け早々の創立総会の召集、開催は、業界として「今年は、どうしても全国組織を作るぞ」という〝お役所〟への意志表示の意味も込めてのことだった。

〝お役所〟とは、厚生省と労働省である。

ビル管理業という、いわば新しい産業、業種であり、しかも、すでに、一つひとつの会社はそれほど大規模ではないとはいえ、業界全体となると企業数も、そこで働く従業員数も大変な数になっていた。さらに、今後も大いに発展しそうな業種である。この兆しを知り両省は、「この業界をなんとか自分の勢力下に納めたい」と水面下で〝法人認可〟の許認可権争いをしていた。清掃を主に考えれば、管轄は厚生省が妥当なようだが、多数の従業員を使う労働集約型の産業で、しかもビジネス用のビル管理が対象と判断すれば、労働省管轄でもおかしくはない。いや、ビル管理だから、一部は建設省とのかかわりも……と、お役所の縄張り争いに巻き込まれる一方、さまざまな政治的動きにもつきあわされていた。しかし、ビルの中とはいえ、人間の住み心地を大事にする環境衛生にすべての業務は帰結する。このため、業界団体としては厚生省が管轄し、それに労働省、建設省、消防庁などが協力する方向でようやく決着を見ることとなった。

こうして同年の六月二十八日、名古屋・都ホテルで、同連合会の第二回大会が開催。新たに新潟、長野、富山、北陸、山陰、岡山、四国の七地方協会の加盟が認められ、役員人事が決定された。会長には、浅地庄太郎が選ばれている。

同年九月二十七日には、東京・一ツ橋の如水会館で同連合会の代議員会と法人設立総会を開催、社団法人認可の申請提出を決議。これを受けて、同年十月二十日付けで、厚生省は社団法人設立を認可。ここに「社団法人全国ビルメンテナンス協会」が発足したのである。

庄太郎は、万感胸に迫る、というよりも、一つの大事を成し遂げて、ホッとしていた。

◎――ビル管理業のあり方、業界のあり方を規定する社会的な取り組み

昭和三十三(一九五八)年以降、昭和四十年代は、仕事が倍々ゲームで増加し、日本ビルサービスは記録的な成長を遂げたが、ビル管理業界そのものも急速に拡大した。

この時期、日本ビルサービスは、新大手町ビル（東京・千代田区大手町。昭和三十三年十二月）、慶応大学三田校舎（港区三田。同三十四年五月）、日本銀行本店（中央区日本橋。同三十四年十月）、高島屋東京店（中央区日本橋。同三十四年十一月）、東銀ビル（千代田区丸の内。同三十五年四月）など大型物件を次々と受託していった。

日本ビルサービスが受託した物件のうち、業界初の受託物件としては、大学としては慶應義塾大学が、銀行は日銀が、デパートは高島屋東京店が、いずれも初めてのことだった。特筆していいのは、やはり日本銀行からの清掃管理業務の受託であろう。日本の国の〝金庫番〟である日銀は、取引業者の選定については特に厳しく、常に業界のトップと取引することで定評があったから、これは社長の浅地庄太郎としても嬉しく、誇りであった。

誇り、といえば、さらなる〝誇り〟が、その先に日本ビルサービスにもたらされた。

昭和四十二年十一月、なんと翌年一月の完工、完成を目指して建設が進められていた皇居内の新宮殿、約四年半の歳月と総工費約百三十億円をかけた新宮殿の、最後の仕上げ、〝引渡し清掃〟を日本ビルサービスが受託したのである。

〝引渡し清掃〟とは、建築物が完成した際、その建物をきれいにして建主に引き渡すためのもの。日本ビルサービスは、新宮殿、建築面積一万二千百六十九平方メートル、延べ床面積二万二千九百四十九平方メートル、地上二階地下二階、基本部は鉄筋コンクリートという建築物の引渡し清掃に、一日最大五十人を動員、約一か月間をかけて清掃を行った。さらに、翌、翌々年の夏、冬の定期清掃も受託した。

これは、庄太郎にとっての誇りであり、名誉でもあった。

庄太郎は、こうした順調な日本ビルサービスの成長を踏まえつつ、一方、業界を、適正競争の原理が働く秩序ある業界にしたいと骨を折っていた。まだまだ群雄割拠、そのときどきの勢いに任せて仕事の量を増やすだけ増やすが、仕事の内容は質的には貧弱といった業者や、受託価格を極端に低く見積り、そのため質的には粗悪なサービスを提供するアウトサイダーが出現したりする状況をなんとか改善しなければならない、と考えて動いていた。

庄太郎は、厚生省などの関係官庁、法制定にかかわる弁護士資格を持つ人たち、真剣に業界の先行きを案じる政治家たちなどを巡り、一つの新しい法案を想定していた。むろん業界の顧客であるビルのオーナーたちや業界幹部とも密接に相談を重ねていた。

そうした多くの人たちの努力が功を奏して、昭和四十五年、国会において、建築物内の環境衛生管理を規定した新法「建築物における衛生的環境の確保に関する法律」（通称「ビル管理法」）が成立、制定され、ただちに、四月十四日に公布、同年十月十三日からの施行となった。

新法は、建築物内の環境衛生管理を法律の対象にしたという点で、世界的にも例のない画期的なものであった。また、後年、ビル管理業先進国のアメリカが、この日本の「ビル管理法」を参考に行政面での業界指導のマニュアル作りを研究したほど、内容的にも充実していた。

この法律は、不特定多数の人々が使用し、または利用する一定規模以上（当初は八千平方メートル以上とされたが、以後二度の改正があり、現在では三千平方メートル以上となっている）の特定建築物（興業場、百貨店、店舗、事務所、学校、共同住宅など）の所有者などに対して、主に次のような四項目の義務を課し、そのことによって建築物内の衛生的環境を確保、維持しようとするものである。

①特定建築物の所在場所、用途、延べ面積および構造設備の概要などを都道府県知事に届けなければならない。
②特定建築物の維持管理については、別に政令で定める〝建築物環境衛生管理基準〟に従って、空気環境の調整、給水および排水の管理、清掃、ねずみ、昆虫などの防除などの措置を講じなければならない。
③特定建築物の維持管理が環境衛生上適正に行われるように監督させるため、〝建築物環境衛生管理技術者（ビル管理士）〟を選任しなければならない。
④特定建築物の維持管理状況に関する帳簿書類を備えつけておくこと。

このうち、②と③は、建築物の所有者だけでなく、直接的にはビル管理業者に大きな影響を与えるものであった。

つまり、②に関しては、政令で定められた〝基準〟をクリアしているかどうか、それを調査するための〝環境測定業務〟がビル管理業者にとっての必須要件となり、③に関しては、特定建築物の管理には「ビル管理士」の資格を持った者が必要となったからである。新法制定の狙いの一つは、むろんそこにあった。

「……今後は、ダンピングをしたり、業界を混乱に導くものを排除していこうという目標を設定しています。このことは、ビルメン業の発展と、われわれが擁している多数の従業員の生活の安定、さらには社会公益への貢献のために必要な方途であります……」（昭和五十四年六月、スイス・ベルンで開催された第一回世界ビルサービス大会での挨拶より）と、庄太郎は法制定に深くかかわった立場で、こう語っている。

ビル管理業者は、必然的にビル管理士の資格を持つ者を選任しなければならなくなり、業界各社は、社員にこの資格の取得を奨励した。日本ビルサービスも、当然それを行い、その結果、昭和四十七年末現在で九十八名もの社員がビル管理士の資格を取得した。

これは、業界のリーダー会社にふさわしい員数であった。

昭和四十五年八月には、そのビル管理士など業界に必要な人材を養成する機関として財団法人ビル管理教育センターが、ビルのオーナーたちが加入する社団法人日本ビルヂング協会連合会と社団法人不動産協会、社団法人全国ビルメンテナンス協会などの支援で発足。昭和四十八年十二月には、人材育成のため、財団法人建築物管理訓練センターも設立された。

同訓練センターは、「職業訓練法」に新たに盛り込まれた「建築物衛生管理科」の認定職業訓練を実施している。

さらに同訓練センターは、昭和五十一年三月「ビルクリーニング従事者の技術の向上と職業意識の高揚を図るとともに、専門職としての社会的認識を深めること」を目的として、労働省告示技能審査規定に基づく認定団体の指定を受け、新たに「ビルクリーニング技士」という一つの専門職を誕生させ、技能審査を実施している。

別に、昭和四十七年十一月、警備業務の内容、警備員の届出と教育訓練を柱とする「警備業法」も成立した（昭和五十七年七月には機械警備業務の項を新設するなど一部を改正）。

庄太郎は、（財）ビル管理教育センターの理事（昭和四十六年七月）、（財）建築物管理センターの会長（昭和四十九年一月）に任じられている。

◎――成功し信用を増した東京オリンピックへの業界参入

業界活動を始めてからの庄太郎は、実に多忙だった。

幸い、本業の日本ビルサービスの仕事は、正一を軸に全社員が十分に力を発揮し、業績は順調に推移していたから、庄太郎は、社長室にも不在のことが多くなっていた。

その社長室を核とする日本ビルサービスの本社事務所は、設立当時の赤レンガ造りの三菱東七号館（丸の内）が取り壊されて新ビルが建築されることになったため、昭和三十六（一九六一）年七月に千代田ビル二階、そして三階へと移転。昭和四十年六月、新東京ビル（旧三菱東七号館跡）が完成したことで同ビルの四階に落着いた。

庄太郎は、朝が早かったから、いったんは社長室に出勤するが、電話をかけたりしているうちに、午前十時過ぎには誰かに会いに出かけ、夕方また戻るか電話連絡を必ず入れるというのが、ほぼ一日のスケジュールだった。

多忙は仕方がなかった。それだけ、〝まとまり〟を見せはじめていた業界は、庄太郎の、それまでに築いた顔の広さと、営業的センス、こまめな行動力に期待をかけていたからだ。

ビル管理業が、業界の存在を世間に知られ、社会的な〝認知〟を受けることになった最初の大仕事は、昭和三十九年に開催された東京オリンピックへの協力、主に選手村（東京・代々木）のベッドメーキングを含む清掃管理の仕事だった。これは、庄太郎が指揮しなければ、スムーズには実現、実施されていなかっただろう。

東京オリンピックの開催委員会は、大会の性格もあり、国家的一大プロジェクトで、さまざまな仕事の割り振りを一つの企業に単独委託はせず、業界全体で引き受けてくれるなら委託するという方針だった。しかし、当時は、まだ全国ビルメンテナンス協会はできていなかった。

そこで庄太郎は、自分が最終責任を持つことを条件に、発足二年目の東京ビルメンテナンス協会が引き受けることで了解を得た。

側面からの日本ホテル協会・犬丸会長からの口添えも有効に作用した。むろん庄太郎が、かつて終戦直後の進駐軍を迎える内閣の設営委員会で犬丸らとともに苦労した、その経歴が〝信用保証〟の役割を果たしたことは言うまでもない。オリンピック委員会の幹部の中には、軽井沢人脈に連なる人もいて、そうしたこともプラスに作用した。

庄太郎は、東京オリンピックという国家的プロジェクトに業界が一丸となって参加、そこで業界の社会的ステータスを上げようと考えていた。

業界内には、大仕事すぎるのではないか、大丈夫かという懸念の声もあったが、庄太郎は自信を持ってやり遂げたのである。

実は、このような超大型イベントに関する大仕事を、庄太郎はこのときすでに経験済みだった。

昭和三十六年五月二十八日〜六月一日にかけて、東京の国際見本市会場（晴海）で行われた「国際ロータリー大会」の警備、清掃を、日本ビルサービス単独で受注し、見事にやってのけていたのだ。そこでは日本で初めてハンド・トーキーが用いられ、機械警備の先駆をなす試みも行われていたから、オリンピックといえども少しもあわてなかったのである。

この大仕事の成功で、東京の業界の結束は一気に強まり、やがて二年後の全国ビルメンテナンス協会誕生の強力な推進力になっていくのである。

東京オリンピックの前例があったから、同じように業界として引き受けた大仕事、「日本万国博覧会」（昭和四十五年。大阪・千里）や、「第十一回冬季オリンピック」（昭和四十七年。北海道・札幌）なども、無事に済ますことができた。

それら業界の大仕事の中心に、常に浅地庄太郎がいたことは言うまでもない。

◎――業界の話題をさらったパレスサイドビルの開設

昭和四十一（一九六六）年五月十一日、ビルのオーナーである株式会社パレスサイド・ビルディングの保母道雄氏と宮守喜久二氏の両氏が新東京ビルの日本ビルサービスの本社に来訪、同ビルの管理会社が決定した旨を伝えた。これに対して、浅地会長は、「ありがとうございます。全社を挙げて全力をつくします」と心からのお礼の言葉を述べた。この時点で、同ビルの清掃（一部のテナント清掃を除く）、保安防災、設備管理、電話交換業務、エレベーター業務など、およそビル管理に関係する業務はすべて、日本ビルサービスが受託することになった。

六月一日には、ビルへの受電が開始されることになったため、急遽日本ビルサービスから、七人のスタッフが送られ、それぞれの業務を開始した。また、九月二十一日には、電話交換業務も開始され、十月一日のビル開設に向けて、体制づくりが着々と進められた。

パレスサイドビルは、当時の最新鋭の設備がほとんど取り入れられたビルとして、大きな意味を持つビルである。その中でも、特に注目されたのは、自動制御方式が採用されたことである。

従来のビルでは、技術員が設備機器に密着して、機器の運転制御や、監視業務に従事していた。そのため、大規模なビルなどでは、設備機器の数も多かったので、多くの技術員を抱えて、日々の運営に当たっていた。

ところが、当時パレスサイドビルで採用された自動制御方式（冷温水温度、室内温度の調整を自動化）によって、大幅な省力化が可能となり、機器の監視もより正確に行われることになった。その結果、わが国初の中央監視盤室も設置されることになった。

当時はまだ、「自動制御」という言葉が一般化していない時代である。このため、同ビルの設備管理業務を受託した日本ビルサービスの技術員たちは、それだけに新たな知識と能力を求められることになった。

しかし、「設備機器の図面や資料などがなくても永年にわたる経験で職人的な勘を身につけた優れた人が多かった」（武山正雄元毎日新聞社工務第二課長）ので、わが国初のシステムに遭遇しても、それなりにこなせたのである。

同ビルの開設時に、清掃監督として業務についた現場責任者は、当時のことを振り返って、次のように述べている。

「開設の一か月位前になると、テナントが続々と入居してこられ、テナントへの引渡し清掃をこなしていくのがたいへんでした。それやこれやで開設の一週間前頃からは、毎日徹夜、徹夜で、本当に辛かった。

あの時も、社内のあちこちから応援の人が駆けつけてくれまして、本当にありがたいと思いました。ともかく会社の意気込みがものすごくて、われわれは、無我夢中でがんばりましたよ」

特に清掃に関しては、作業量が多くてたいへんだった。というのは、ビルの全体が白い床タイルを採用しているため、汚れやすかったのである。したがって、ビルの開設当時は、洗浄をひんぱんにしなくてはならなかった。

そこで、その問題を解決するため、アメリカから樹脂ワックスを輸入して採用するなど、いろいろな方法が試みられた。さまざまなテストを経て、ようやくビル開設後、二年目頃から国産の樹脂ワックスを採用することになり、この問題は解決した。この採用によって、同ビルの白い床は、長期間にわたり、その美しさを保持できることになった。

当時、樹脂ワックスの採用は、東京でも珍しかったので、ワックスメーカーや同業者などから、問い合わせが相次ぎ、業界の話題をさらった。

◎——アメリカみやげのスクイジー

昭和四十五（一九七〇）年七月、清掃業務にウィンドウ・スクイジーを導入した。

ビル清掃の中で難しい業務の一つにガラス・クリーニングがある。日本ビルサービスには、昭和三十年代の初期まで、ガラス・クリーニングの専門職があった。

しかし、ガラス・クリーニングは特殊な業務であるため、三十年代中頃から、契約先の了承を得て、専門企業に外注することを営業方針とした。しかし、ガラス・クリーニングはビル管理にとって大きな業務分野の一つであり、この作業をどうにかして、より安全で容易な作業にしたいというのが、日本ビルサービスの考えであった。

浅地正一は、昭和四十年代の初めにアメリカン・ビルディング・メンテナンス・カンパニー（ABM）に出向し、同国の業界や業務事情を見てきた。日本ビルサービスは、先述のようにABMと業務提携をしており、現実の業務を行う中で、昭和四十三年に浅地正一が日本に持ち帰ったものの一つがスクイジーである。これは、ガラスであればどんなものも水だけで、しかも一回だけガラスを拭けば完全にきれいになるという清掃器具である。現在ではホームセンターなどで手軽に入手できるまでに普及しているが、その大きな特徴は、洗剤は必要ではなく、必要なのはただ水だけであるという点で、ガラス・クリーニングの世界に革命をもたらした商品と言っても過言ではない。

◎──ガラス・クリーニングの王様

スクイジーは、最初、日本ビルサービスのグループ会社が経営していた逗子なぎさホテルで、その性能がテストされた。この結果を見て、浅地正一は自社ばかりでなく、広く業界で使われるべきだと考え、アメリカのスクイジー製造会社であるエトレー・ステコーン社の日本総代理店として、グループ会社のユニオン商事を契約させ、日本国内での輸入販売を始めた。スクイジーは、ガラス面を拭いていくゴムに秘密があり、ガラスをことさら「磨いてきれいにする」とは考えていない。ガラスはもともときれいなものであり、したがって、ガラスに付着している汚れを取り除いてしまえば、もとのきれいな状態に戻る、との考えで作られた器具である。

日本に導入された当時は、業界内での反応は鈍く、はかばかしい結果は得られなかったらしい。水だけできれいになる、たった一回だけ拭けば汚れが落ちる、というのでは、今から五十数年前であってみれば、なかなか本気にしてくれなかったとしても無理のない話である。

ところが、今では、ガラス・クリーニングは、スクイジーを抜きにしては語ることができない。

それほど、必須の器具となった。

◎——ビルの遠隔管理システムを開発、運用

昭和四十八（一九七三）年七月には、設備現場の業務負担を軽減するとともに、作業効率を高めることのできる中小ビル向けの遠隔管理システム「Ｂ・Ｓパック」が開発された。

その後、中小ビルのみならず大規模ビルを管理できる広域集中管理システムＦＡＢＣＯＮ（FULL AUTOMATIC BUILDING COMPUTER CONTROLS）を開発し、昭和五十二年七月には、港区元赤坂に同システムによってビルの遠隔管理を行う「ＮＢＳ管理センター」が始動した。ＮＴＴの専用回線を利用してビルの遠隔管理を行う同システムは、設備機器の発停、操作が離れた場所から出来るという画期的なものであり、ビルの遠隔管理、街区管理に先鞭をつけたものとして、マスコミ等でも大々的に報道され、話題となった。

この年には社員数が三千五百名に達し、東京・日比谷にある日比谷公会堂にて創業二十五周年式典が執り行われた。また、建物管理面積は三百万平方メートルとなり、受託ビル資産も六千億円となった。

第十二章　浅地庄太郎の最終幕

◎――妻・静江の死

超多忙の庄太郎を、昭和四十六（一九七一）年、悲しい出来事が襲った。

妻・静江の死である。

人生、妻と夫、どちらが先かは別にして、夫婦にも、親子にも、兄弟にも、友人、知人、どんなかかわりの中にでも、いつかは必ず訪れる永遠の〝別れ〟は来る。そういう定めが誰にでもあるとはいえ、庄太郎にとってその別れは、とても辛いことであった。

庄太郎は、妻が病気で倒れてから二十日間足らずで亡くなるまで、自分自身の心の中であわてる自分を、看護する自分を、そしてさまざまな思い出に身をゆだねている自分を、もう一人の自分の目でジッと見つめるという、まるで私小説作家のような、そんな感じのする日記をしたためている。

仕事が忙しくなってからは、日記は毎年、新年早々の数日だけ、後は空白となっていた。いわゆる三日坊主に終ってしまっていたのである。そんな庄太郎なのだが、何か事が起きると、数日その事を書き留めていた。そうした習慣を、このときも自然に行っていたのである。とはいえそれは、感情の揺れを書きなぐったものではなく、冷静な視点で綴られている。

その日記を抜粋してみる。

「七月十日　昨夜、日生劇場の観劇から帰って、一週間前からの疲れが出たのか、汗をたくさん出しながら、肩とひざの神経痛を訴える。今朝も疲れが抜けきらず、いつもと違って応接から見送る姿を、車に乗る前に振り返って見る。これが彼女の立ち姿の最後となった。会社から、二時ごろ電話。『どうか?』と尋ねると、『大丈夫』といい、植木屋二人が庭掃除にきていると話す。これが話し得た最後となった。

九時帰宅。ベッドに自然の姿で眠り続けている。娘の恭子と増子博士がきて、大変だということになる。五年間療養を続けていた心臓系ではなく脳神経系らしい。新谷、西野入諸氏と相談、十一日午前一時、昭和医大第三内科に入院、新谷教授の手に渡す。

昨夜から一睡もせず、寝台車に乗りここまできてホッとする。その次の瞬間『妻の生命』ということが決定的に心をとらえる」

「七月十一日　考えてならぬことながら、恭子、正一、私と三人で、病室の片隅で、それぞれの事態を相談、案をまとめる。今はただあらん限りの努力をし、ベストを尽くし、妻の命を守る。命ある妻と、目をあけて話せる日を熱望してときを過ごす。心臓でなく脳神経系らしいとの判断は変わらず。平熱・血圧・血脈の状態良好。しかし全身不随にて意識不明。ただ、息するのみ。私はここを離れず、二人でともどもに暮らそうと思い至って、ホッと気持に落着きが得られる。

われら夫婦は多くの善意に支えられ、今豊かに生活している。最高、最善の総合診断と治療、医師全員、婦長各員ともに、数年来の友人としての外来患者であった彼女。私は、月三回、通勤の折、送っていたのである。ホテルのスイート室とおなじようなよき所。静江との暮らし、しかも、三食ともにする毎日が開かれた。私は彼女のためにベストを尽くそう」

「七月十五日　朝、息が荒く、ピンチらしかったが処置で平常に戻る。その全体一丸となって、タイムリーに適切適当の処置判断、感服にたえず。死に直面する妻とともに暮らし、満五日になった。……」

「七月十六日　昨日、小さなショックがあった。今朝は正常。午後、還流の第二回始まる。初めて会社に出る。十一時帰院。正一、恭子と揃って詰める。……大きい爆撃があったその中で、小さな静寂がある。生活がちょっと落着いた感じ。危機の中にあるのを一瞬忘れるような静けさだ。

大阪の平松氏、危篤の電話あり」

「七月二十一日　静江の大きいうめき声に目を覚まされる。十一日目の戦いの朝である。左目の輝きと動きも希望の一つである。今日は一日大きい声を出すようになり、私との会話もわかるのではないかと思える。命をとりとめた喜びを感ず。

恭子とパシフィックホテルの開業パーティに出席、わが社の仕事の発展を喜ぶ。会社に行き執務。六時帰院。明日からの生活設計を考える。夜食に軽井沢会のみなさんから心入れの洋食（コールミート、ハムほか）をいただく」

「七月二十七日　朝が明ける。まだピンチらしい息づかい。こちらも足もとがふらふらするのがわかる。……恭子がずっといてくれるので働ける。妻と看護婦の三人の静かな夜が更けていく。……」

「七月二十八日　病院生活に慣れたような気持。会社に出る。幹部会を開く。……夕刻までは昨日のなだらかさが続く。しかし、なんとなく力の弱まりを感ず。正一夫妻、恭子夫妻全部そろって看病。息づかい弱まる。下の始末に看護婦多忙なり」

「七月二十九日　終夜体温三十八度以上。朝方六時に妻の大きいうめきの息に飛び起きる。『苦しいか静江』と叫ぶ。うつろな目と、かすかに動く口元。それもタンのためにすっかり荒れ、ただ早いいぶきのみ。手も足も頭も冷えきっている。そしてなお、高温。婦長と医師が飛んでこられる。子ども二人と増子姉に電話。

正一と恭子、そして私だけに手を握られ、すぐ、新谷医師が脈を診られるうちに、妻は昇天。静かに妻は逝った。両手を合わせ、『私もそう永くは生きていないだろう。必ず、近いうちに往くから待っててくれ』と叫んだ。『お前の人生は、幸せで豊かであったよ』とも言った。

一日三時間とは寝ず、共に暮らした二十日間を最後に、私たち夫婦の暮らしは終った。筆舌に尽くせず。諸行無常」

静江は没年六十三歳（戒名「慈明院華妙静大姉」）。このとき庄太郎は六十六歳であった。

◎──庄太郎から正一への事業継承

庄太郎は、昭和五十（一九七五）年、古稀、七十歳を迎えた。

三月十六日、誕生日に庄太郎は、古稀を迎えた想いを書き留めている。

「幼いとき、七十とは大変遠いもの、まぼろしのような〝老い〟であり、白髪、高い杖を持った翁のイメージを持っていた。今、その年がとうとうきた。翁とは今の自分に当たらぬ。

健康的にどこも悪くない。医者にも十数年やっかいにならないで今日まできた。しかし、〝歳〟ということが頭に入りきて、〝とうとう古稀になった〟との実感はぬぐうべくもない。

国を出て五十数年、ただ夢を持ち、旗を掲げて前進し続けてきたように想われる。ふと、立ち止まって今日の姿を見れば、まことによく働いた。顧みて悔いなく、今、良き人生にあるといえよう。事業は、この厳しい中にもそれぞれ安定し、会社の数は二十以上になり、アメリカ、英国、スイス、イランを加えれば二十五ぐらいあるようになった。公人としてもあちこちの会を運営し、良き人、良き友の誼を有り難いことと感謝している。

今、本宅の梅、紅桜、白梅、五木それぞれところを得て満開。朝の庭に香りが漂い、妻なき私を慰めてくれる。

仕事の半分、十数社の社長を、ひとり息子の正一（東京青年会議所理事長、当時）に譲りたいと思う。

古稀の春、国の仏舎利塔は立派にできたし、金沢・大乗禅寺のお墓、東京祥雲禅寺のお墓の庭もきれいになっている。いつお呼びがあっても、南無阿弥陀仏を念じて逝けるという想いである。

でも、命ある限り、故郷を想い、良き友と手を取り合い、働き続けることは間違いないと信じている」

庄太郎自身のそれまでの半生に対する感慨、満足感に溢れた思いが記されていると同時に、さらになお働き続けるぞ、という意欲が記されている。その前向きな所とひたむきさは、庄太郎が生来持ち続けた生命力の一つの発露とはいえ、古稀にしてこの意欲には驚嘆させられる。

確かに日本ビルサービスを軸とし、子会社群を含めて事業は順調であり、自らが興した日本におけるビルメンテナンス業界も質量ともに充実してきていたから、実業家として〝生涯現役〟を貫こうという思いがあっても不思議ではない。

実業の世界だけでなく、故郷・金沢とのつながりにも広い交遊があった。金商同窓会や北星会、石川県人会などの世話役もこなし、郷里では頼まれて仏舎利塔を建てるための土地、約一万坪を購入し、仏舎利塔を中心にした「あさじ公園」（金沢市・奥卯辰山）を建造した。こんな社会的貢献も果たしてきたのである。まだまだ世の中の役に立てる、ということなのである。

しかし、古稀を一つの人生の〝区切り〟としてとらえていたことは言うまでもない。

「仕事の半分を、ひとり息子の正一に譲りたいと思う」

この言葉にその気持が凝縮されている。

庄太郎は、会社のことだからと決断を下した翌日、社長室へ正一を呼び、「譲ること」を申し渡した。

「……いまだ未熟ですが、幹部のみなさんと心を合わせ、一層がんばります」

正一は、起立してきちんと答えた。

このあたりの〝けじめ〟のつけ方、育て方、育てられ方が浅地親子の素晴らしさであり、魅力といえた。

浅地親子の場合は〝けじめ〟はしっかりと守られていた。

庄太郎はその後、すぐに会社の主な幹部の了解を得、春の彼岸の入りのため、亡き妻・静江のお墓参りに集った娘・恭子夫婦や弟・多吉ら家族にも、妻の墓へ報告する形で知らせた。

墓参の帰りには、赤坂の料亭で家族だけの内輪の祝いの小宴を開いた。

庄太郎の古稀と正一の社長就任を兼ねてである。

この日、庄太郎はアルコールはまったくといっていいほど受け付けない体質なのに、お祝いだからと珍しくシャンパンを飲んで、真っ赤な顔になった。

座敷には、そのうち料亭の御女将からロウソクが七本立てられたバースデーケーキが届き、庄太郎は型通りにローソクの火を吹き消して、機嫌が良かった。なじみの料亭だったので、しまいには赤飯も出て、庄太郎はいっそう上機嫌であった。

庄太郎が、正式に、日本ビルサービスの社長を息子・正一に譲ったのは、その年の三月三十一日、重役会の席でであった。

いつもと同じ重役会は、型通りの報告や協議が、すでに五年前から副社長に就任していた正一の司会で進められた後、その日限りで会社を辞めることが決まっていた役員二人に、庄太郎から感謝状が贈られた。

庄太郎は、その感謝状を読んだ後につけ加える。

「……大越君と秋山君が七十歳になって、勤続二十三年、二十二年という人がめでたく任務を終えて退職したわけですが、実は、自分も、今日、七十歳になったことでもあり、このときをもって、社長として会社に勤務する最後の日とします。……明日からは、浅地正一が、社長としてのすべての業務執行の責任者ということになります。……ただ私の子であるというだけで社長になるというのではなく、十五年間一緒に働いて、その結果として社長になる最適任者であると、また、それを受け入れられるように育成してきたつもりです。……仕事だけなら、ここに並いる人をはじめ、会社の中には、さらに優秀な人もいるかもしれませんが、それだけで社長は務まるわけではないから、私は、自信を持ってこの人を推薦し、みなさんの了解を得て、本人も、苦労だろうけれども、喜んで受けて、みんなのために会社の発展と隆盛に命をかけてもらいたい。……」

用意してあった社印と社長印を、庄太郎は正一に手渡し、握手をした。正一は握手をしたまま深々と頭を下げ、起立して拍手する役員たちの祝福を受けた。

庄太郎は、こうして日本ビルサービスと関連会社十一社の代表を信頼している息子に譲ったのである。正一は、三十七歳の若さで社長に就任した。

庄太郎は、日本でのビル管理業を「ビル管理法」の制定などで経営環境的に整備し、業界としての〝まとまり〟もできたと判断して、本業は息子・正一に後を任せた。自分は〝業界〟という枠を世界的レベルにまで広げ、そこでも一つの〝まとまり〟を作ろうと考えたのである。

◎――昭和五十一（一九七六）年春の叙勲で勲三等瑞宝章を受章

前年の春、社長を正一に譲り会長に就任した浅地庄太郎は、長年にわたるビルメンテナンス業界への貢献が認められ、昭和五十一（一九七六）年春の叙勲で勲三等瑞宝章を受章した。

その喜びと心境を社内報『あゆみ』(昭和五十一年七月一日号、No.23）に次のように記している。

「私の創業した仕事はどうにか軌道に乗り、世間様からも評価をいただき、業界の存在は確立し、日進月歩している次第です。私の会社は小さいものばかりですが、数は三十を超え、業務範囲は海外にも拡大発展し、従業員は二千八百名、皆それぞれ活躍し安定した一つの社会を形成しております。私もその中の一人として、共に幸せを感じられるように、そのために働き、希望を求めようと思い至っているわけです。

芸術にも、学問にも、完成という事はありえないし、実業もどこまで行っても未完成だと存じます。ですから、毎日毎日を充実させ、誠実に生きよう。そのためには、仕事こそ私の芸術であり、また私の信心であり、私の生き甲斐と思い至りました。

第二の人生、余生、孤独の私です。今日の一日、無欲明朗であり、心豊かな日々であるように努力致します。どうか皆様の温かい友情とご指導をお恵み下さるよう、お願い申し上げます。ありがとうございました。

天皇誕生日　叙勲受賞の日　浅地庄太郎」

「仕事こそ私の芸術であり、また私の信心であり、私の生き甲斐と思い至りました」という言葉の中に、浅地庄太郎がいかなる姿勢で仕事に向き合ってきたかが凝縮されている。そうした全身全霊をかけての浅地庄太郎の挑戦により、自らの会社の成功みならず、日進月歩の業界が確立されたといっても過言ではない。叙勲は、そのことが公に認められたことによるものであり、自分のやってきたことの行いの正しさを庄太郎に強く印象付けることにもなった。

浅地会長の叙勲に、社内は喜びに包まれた。同年の五月三十日には、全共連ビル四階大ホールに於いて約二百四十名の幹部社員が出席して叙勲祝賀会が開催された。役員の祝辞を受け壇上に立った浅地会長は、「盛大なる催し並びに、数々の記念品を戴き厚く感謝する。今日、この受章を受けたことは非常にうれしい。また世界でもこの業界で叙勲されることは初めてのことであり、今回の受章はビルメンテナンス業界に働く人々が、世間に認められたと思うと非常にうれしい。この世間の人々の期待に対して、これからの仕事を誠実に行ってほしい」とその喜びを述べた。

その後、出席者全員で浅地会長の弥栄をお祈りして万歳三唱を行い、浅地社長の閉会の辞をもって閉会となった。

◎――世界ビルサービス連盟世界大会〝終身名誉会長〟に就任

数年前、親友であるアメリカのABM社のT・ローゼンバーグ会長が「アメリカの業界の中に、世界中の同業者を集める世界大会を開こうという動きがあり、それに自分も賛成している。ぜひ、日本の浅地も協力してほしい」と口にしたことが、庄太郎の頭の中に残っていた。日常業務を見る社長の座を離れた今、自分がやるべき仕事はそれだと庄太郎は考えていたのだ。

世界大会と冠するからには、米英仏、西独（当時）にベルギー、オランダなどのヨーロッパ勢と日本だけというのではみっともない。せめて十数か国の参加がなければと、庄太郎も知人のツテをたどり、オーストラリアなどに参加を呼びかける手紙を書いたりした。

そして昭和五十四（一九七九）年、業界初の世界大会が開かれる。

大会は、六月十八日から二十日までの三日間、スイスの首都ベルンで、二十二か国、約二百名の業界人が出席して開かれた。アジア太平洋地域からは、日本のほかにオーストラリア、ニュージーランドが参加した。

大会は、世界連盟の結成を決議し、ただちに第一回世界ビルサービス連盟世界大会とすることとなり、初代連盟会長に予定されていたアメリカのデビッド・マイヤー大会準備委員長が開会宣言を行った。大会では、まず、「発展と協調」と題してハンク・クッパー・オランダ代表ら四人が基調演説を行い、続いて、「産業の現況」に関し、各国代表七名が自国の業界の現況について報告演説を行った。このとき日本を代表して浅地庄太郎・社団法人全国ビルメンテナンス協会名誉会長も登壇、英語で演説し、満場の拍手を浴びた。

夜は、大会出席者全員によるベルン風の夕食会が開かれ、その席上で庄太郎は、日本から届けられた日本の厚生大臣（大臣は橋本龍太郎、当時）の、大会祝賀メッセージを披露。これがまた評判を呼ぶ。参加国の中で大臣がメッセージを寄せたのは日本一か国であり、日本の中で業界団体がいかにパワーを持っているかを示すことになったからである。

むろん、事前の、庄太郎、正一らによる大臣への要請、根回しが効を奏したのであった。

こうして、世界的な業界団体「世界ビルサービス連盟（ＷＦＢＳＣ）」が誕生。役員選任委員会で、浅地庄太郎は第一副会長に選ばれた。

「ミスター浅地の仕事に対する情熱、日本での活動、そして今大会での英語での演説は素晴しかった。しかし〝発音〟に少し不満が残る。だから、ミスター浅地は、本当は会長になる資格は十分なのだが〝発音〟のせいで実質№２の第一副会長となった」

デビッド・マイヤー初代会長自身や、アメリカの知人たちは、ジョークまじりで庄太郎の第一副会長就任を推し、祝った。開会以前にはまったく予想もされていないことだっただけに、庄太郎は驚くやらうれしいやら、サヨナラパーティの席では、周囲からの握手攻めで、もみくちゃにされながらも大喜びであった。

日本からは別に、理事として丸橋博行全国ビルメンテナンス協会会長（当時）も選任されている。

実はこの第一回世界大会のとき、日本代表団の事前の準備、大会会場内での事前のキャンペーン・パーティなどの舞台裏でフルに活躍したのが、浅地正一と八木祐四郎（全国ビルメンテナンス協会理事、当時）の二人であった。

大会の公用語が英語のため、英語が話せてしかもＪＣ（青年会議所）などの世界大会を経験している正一が、いわば日本代表団をアピールするための陰の参謀役を果たしたのである。

庄太郎には、それもうれしいことだった。

庄太郎が願っていた世界的な業界のまとまりは、こうして実現した。日本のビル管理業界が、独自のトータルビルサービス（総合管理）方式、ビル管理法の制定などで注目され、諸外国の業界人、行政関係者などから、高く評価されたのである。

庄太郎は七十四歳になっていた。

世界ビルサービス連盟の第一副会長への就任は、日本人として最高の栄誉だ、と庄太郎は思い、それを最終ゴールに〝引退〟の考えも頭の中にチラチラと浮かんだ。生涯現役を標榜し、自負してきた庄太郎としては。やや弱気になったところもあったわけだが。時の流れは、庄太郎の、そんな弱気を一気に吹き飛ばす。

翌昭和五十五年十月にアメリカのマイアミで開かれた世界ビルサービス連盟第二回世界大会で、世界各国の代表が「日本で世界大会を開いてほしい。ミスター浅地に、それを要請する」と意見の一致をみて、第三回世界大会は日本で開催されることになった。

次の世界大会は日本で開く、と聞いて、ぜひ参加したい、という海外からの希望者が増え、大会は海外から五百名、日本国内参加者を加えると計約一千名規模の大会となることが予想された。

庄太郎は、開催の時期、開催の場所などを決めるために、海外からの参加者には、この際日本の良さ、景観、風土、民族的な伝統文化、人情などの日本文化も知ってもらいたいと考え、あれこれと気をつかった。

日本一の富士山、フジヤマを見せるためには、東京オリンピックの年にできた、今や世界的に有名な新幹線に乗ってもらい移動することを考え、エクスカーション（体験型の見学会）で日本情緒を味わってもらうなら京都だろう、などと考えたのである。

その結果、日程は、五月晴れの期待できる五月の十日から十五日まで、東京のホテルニューオータニで開会式を行い、翌日から京都へ移動し、主会場は国立京都国際会館とすることを決定した。これなら天候に恵まれれば新幹線での移動の途中、富士山を望見できるし、京都では大会の最終日に伝統の葵祭りがある。

世界ビルサービス連盟第三回世界大会は、こうして昭和五十七年五月、日本で開かれた。

参加は二十三か国、計約千五百名に膨れあがった。

大会の議長は、世界連盟第一副会長の浅地庄太郎が務めた。浅地正一は、ホスト国である日本の大会事務局長として、日本ビルサービスの幹部社員とともに大会全体の運営に当たった。

大会のメインテーマは「変わりゆく経済、変わりゆくビルサービス市場」で、サブテーマは「新しいサービス、新しい市場」であった。

「すばらしい会議だ。テーマも議論も内容があったし、会場の設定もよく考えられていて良かった。

もうこれ以上の立派な世界大会は、今後できないだろう」

海外からの参加者たちは絶賛し、大会は大成功であった。

この大会で、浅地庄太郎は、世界ビルサービス連盟の〝終身名誉会長〟に選ばれたのである。

七十七歳、喜寿の祝いの年のことである。

◎――日本で最初のビルメンテナンス会社が創業三十年を盛大に祝う

昭和五十七（一九八二）年は、日本で最初のビルメンテナンス会社・日本ビルサービス株式会社が創業して三十年の記念すべき年となり、毎年行われてきた社内での創業記念式典を大規模に実施すると共に、初めてお得意様を招いての招待パーティが開催された。

創業三十周年記念式典は、日本ビルサービスの創業記念日である七月十二日に、品川駅前のホテルパシフィック東京において開催し、その後十月六日に創業三十周年記念お得意様招待パーティを帝国ホテル東京で開催することになり、一年以上前から実行委員会が組織され、開催に向け準備が進められた。

七月十二日午前九時半から開催された創業三十周年記念式典には、同社と関係会社の役員、協力会社やOB等の来賓、社員千五百名が参集し、華やかな中にも厳かな雰囲気の中で開催された。開会宣言の後、物故社員に一分間の黙とうが捧げられた後、永年勤続者の表彰に移り、二十五年勤続者十二名、二十年勤続者二十名が表彰された。その後、三十周年記念論文入賞者の発表等があり、浅地会長が壇上に招かれた。

浅地会長は、創業三十周年を迎えた喜びを満面にたたえ、介添えの手を借りながら壇上に立ち、長年にわたり苦楽をともにしてきた役員や社員を前に次のような挨拶を述べた。

「ビルメンテナンス業は、三十年にわたる道程を経て、今日ようやく市民権を得、成長の分野に位置づけられました。ビルメンテナンス業の歴史は、日本ビルサービスの歴史であり、私たちは常にこの業界をリードしているという自信と自負を持ってきました。今後も栄光のトップランナーとしての誇りを持ってさらに前進しようではありませんか。

私のいのちはビルと共にあり、もし、生まれ変わることがあれば今一度、この道を歩みたいと思っており、こよなくこの仕事を愛しております。創始者である私がたとえ枯れ落ちたとしても、私の魂はこのビルメンテナンスという仕事のなかに無限に生き続けることであろうと思います。この仕事を通じて皆さんもより良い生活が得られるよう努力し、豊かな人生が送られるよう期待しております」

庄太郎は、翌年の八月八日に亡くなるが、多くの社員がその姿を目にする最後の機会となった。

その後挨拶に立った浅地社長は「ビルと共に生きてきた過去の歴史を確認するとともに、先人諸兄への感謝と未来への継続発展を誓う新たなる決意の場としたい」と述べ第一部を終了。第二部の記念歌謡ショーでは、伊東ゆかり、三沢あけみ、菅原洋一などが登場し、歌とトークで会場を盛り上げた。

◎——創業三十周年記念お得意様招待パーティで、長年にわたる支援に感謝の言葉

昭和五十七（一九八二）年十月六日正午から、帝国ホテル東京孔雀の間で、日本ビルサービス創業三十周年記念お得意様招待パーティが開催された。当日は、得意先の会社をはじめ、政財界、関係各官庁、ビルメンテナンス業界、文化人、マスコミ関係者など約千五百名が参加して盛大に開催された。

司会の開会の発声の後、まず浅地正一社長が挨拶に立ち、お得意様を招いてのパーティは今回が初めてであることと、同社の前身である日本不動産管理の五年をプラスして三十年を迎えられたのはひとえにお得意様のおかげであると述べ、感謝の言葉で締めくくった。来場者からは大きな拍手が沸き起こった。

続いて歌舞伎役者の二代目大川橋蔵の祝舞い「豊春名集寿」が参加者を魅了し、その興奮が冷めやらぬ中、渡辺武次郎氏（三菱地所取締役相談役、当時）が登壇し、お祝いの言葉と乾杯の発声を行った。

同氏の祝辞の中に、日本不動産管理誕生の経緯等が簡潔に述べられているので、以下にその大要を掲載する。

「本日は誠にうれしくおめでとうございます。今ここに立ちまして思い出すのは、今から三十余年前のことです。当時私は三菱地所の社長をしておりましたが、ある日アメリカの国務省から人がみえ、『君の国のエンペラーが生まれた記念日に、アメリカ軍から今のアメリカ大使館の建物、館員の宿舎全部を君の方に管理を委託したい』との申し入れがありました。私としては治外法権の大使館の管理を外国の民間会社に委託するということは、どうしても考えられず、眉唾ではないかと思い、当時の外務当局の高官に、聞いたところ、『それはアメリカとしては考えられることだ、君の方で責任をもって管理をしてもらえれば、日本としても安心できる』ということで、当時大使館で働いていた日本人全員を引き受け、大使館の管理をすることになったのです。当時私の方では責任を持てるだけの人材がいなかったので、駐留軍の建物の責任者をやっていた浅地庄太郎君をもらえれば引き受けるという条件を出し、引き受けることになったのです。

このようなわけで、後に、十年間の経験を持った浅地君なら、三菱がやらなくても十分大使館のご用ができる、また日本の色々の問題も解決できるということで、浅地君が社長になり、私が後ろ盾になって、現在の日本ビルサービスが始まったのでございます。

爾来三十年、日本とアメリカの国交上のお役に立つと同時に、ビルサービス会社として、当時は想像もできなかった、日本になかった会社のパイオニアとして働いてきてくださったことに対して、誠にご苦労様と申し上げる次第でございます。このような意味で、私といたしましては、『大使館の浅地庄太郎』が信頼を受け、またそれを土台にして日本のビルサービス会社の元祖として、パイオニアとして働かれた功績に対し、心から尊敬の意を表する次第でございます」（社内報『あゆみ』）

その後歓談の時間となり、多忙な時間を割いて駆けつけたマイク・マンスフィールド駐日アメリカ大使や現職の伊藤宗一郎防衛庁長官をはじめ、齋藤邦吉元自民党幹事長、鳩山威一郎元外相などVIPが紹介され、注目を集めた。

祝電披露の後、浅地会長が登壇し、「私自身は毎日の一瞬一瞬を大事にしてきました。ことに終戦後はじめたこのビルメンテナンスの仕事については、なんの懸念も持たず仕事一途にやってきたという風に自分は考えております。あの時ああすればよかったとか、あるいはこの時こういう具合にもう少し頑張ればよかったというようなことはございません。毎日毎日その日の旗を立てて頑張ってきたように思います。そういう意味からして私は、自分の人生を顧みてなんの悔いもございません。私は今七十七歳になりまして、まぁ余命はいくばくもないかと思いますが、なお命ある限り頑張って皆さんに可愛がってもらい、頭を低くして、自分の毎日の生活を感謝しながら、世の中を渡っていきたいと考えています。どうか今後ともよろしくお引き立てのほどを、お願い致したいと思います。今日お集まりいただきましたことについても、同じ意味でうれしく本当にありがとうございます。永い私の人生にこれほどの感激はありません。本当に可愛がっていただいてありがとうございました。ありがとうございました。ありがとうございました」と述べ、万雷の拍手を浴びた。

◎――最期の言葉「私は再び同じ仕事をする……」

浅地庄太郎は、満七十八歳を迎えた昭和五十八（一九八三）年の五月、オランダのアムステルダムで開催された世界ビルサービス連盟第四回世界大会に、高齢からくる体力的な衰えを感じながらも、気力を振り絞って出席した。

数年前から気にしていた視力の衰えが白内障のせいだと知って両眼を手術（昭和五十六年十一月。東京・順天堂大学病院）したときに、気づかずにすでに糖尿病にかかっていることがわかり、それ以後、食事制限も含めて節制をしてきていたのだが、高齢からくる体力低下はいかんともしがたく、そのころ庄太郎は、健康を気遣う毎日を送っていた。

〈心情的には、第四回世界大会に初めての終身名誉会長として出席すべきなのだが、途中で倒れでもしたら迷惑をかけることになるなどと考えて、出席をためらい揺れていた。

とはいえ出席したい気持は強く、結局二人の主治医（順天堂大病院の石原、甥に当たる増子の両医師）に事情を説明し、飛行機や列車での移動やホテルなどの宿泊は〝ロイヤル〟クラスを使用すること、食事は〝制約つきの特別食〟でルームサービスでとることなどの条件で、アムステルダムへ飛んだ。

これには息子・正一に加えて、娘・恭子も同行した。

航空会社の内規では、八十歳以上の高齢者は随行者が必要で、その上、寝台か車椅子で移動、機上の人にならなければならないといわれ、年齢的にはまだ規定に触れなかったが、慎重を期して、庄太郎はおとなしく車椅子にも乗った。

それにも増して〝親子水入らず〟の旅はうれしかった。

そんなふうにして第四回世界大会に出席した浅地庄太郎は、予感めいたものや悟りの世界を感知していたかのように、終身名誉会長として感動的な挨拶を述べ、参加者たちの感涙を誘った。


「……私は現在七十八歳です。ここに集っているみなさんの中では、おそらく、一番のオールド・ボーイでしょう。人の命は、いつ逝くかわからないものです。こういう場所で話すのは不自然かもしれないけれども、私の演説は、日本式にいうと、みなさんへの〝最後の挨拶〟になるかもしれない。……

私は、みなさんに申し上げ、誓いたい。もし再び生まれてくるとしたら、私は、再び同じ仕事をする、と。……ゴットブレス・ユー・オール、神の祝福がみなさんの上にあるようにとお祈りします」

会場は全員が立ち上がり、拍手と感涙にむせぶ声が交錯した。

庄太郎は、壇上で、感激しながら駆け寄る世界連盟の役員たちに囲まれながら、ふらつく足をステッキで支え、高揚していた。

壇のすぐ下では正一が、父・庄太郎のその姿を目に焼き付けるとともに、耳の中に残った父の言葉を反芻《はんすう》していた。

「……再び生まれてくるとしたら、私は、再び同じ仕事をする……」

それが、〝最後の挨拶〟に託した庄太郎の、息子・正一と、ビルメンテナンスに携わる多くの人々への熱いメッセージであった。

その年の八月八日午後二時三十七分、浅地庄太郎は、持病の糖尿病のため、二十日前に入院した順天堂医院で、急性腎不全のため家族の見守る中、七十八歳の生涯を閉じた。

戒名「龍光院清雲庄道大居士」　――合掌

弔辞――『あゆみ』「浅地会長追悼特集号」1983年9月20日№67から

※『あゆみ』：日本ビルサービス発行の社内報

いまさらながら痛恨の限り

前田利建（葬儀委員長・石川県人会連合会会長）

謹んで故浅地庄太郎さんのご霊前に、同郷の友人として、お別れの言葉を申し述べます。

浅地さん、人のいのちは朝露のようにはかないとは申しますが、それにしても、つい先ごろまでお元気で、会社のお仕事に、あるいは社会事業にご活躍の姿を拝見していました私には、あなたの突然のご他界は、夢のようで、にわかには信じられませんでした。石川県の生んだ、日本の得難い人材の一人を失ったことは、いまさらながら痛恨の限りであります。

浅地さん、あなたは瀟洒《しょうしゃ》な英国風紳士の振舞いのうちに、明治の気骨を秘めて、生涯にわたって、郷里石川県と生まれ育った町金沢を愛し、母校金沢商業学校を誇りとして、さらに広く祖国日本を愛し、世界に目を開いて、人類の平和を深く心から願われた方であります。

郷土を愛する心から、同郷県人の会のために絶大なご支援をいただきましたが、お蔭をもちまして、今日県人会は、極めて円滑に運営されております。先祖を大切にされ、神仏を敬う心の厚かったあなたは、先年、古稀を迎えられた折には、金沢の卯辰山《うだつやま》に、仏舎利塔を建立され、浅地公園をつくって、金沢市民に憩いの場として開放していただきました。

浅地さん、あなたは徳の人でありました。その人徳の故に、多くの友人を得て、ご自身の事業と人生を豊かなものとし、各方面の人たちから慕われ、感謝されたのであります。

あなたが創業された日本ビルサービスをはじめとして、一連の事業は、いまや全国に、ゆるぎない根をおろして、世界の称賛の的となっております。

浅地さん、あなたは実に立派な一生を歩まれました。県人会会員一同あなたのご遺徳を敬慕し、心からご冥福をお祈り申し上げております。

いつまでも、名残りはつきませんが、浅地さん、どうか、安らかな旅路におつき下さい。さようならを申し上げます。

彼岸の地よりお導き下さい

丸橋 博行（葬儀副委員長・全国ビルメンテナンス協会名誉会長）

謹んで社団法人全国ビルメンテナンス協会元会長ならびに前名誉会長、また世界ビルサービス連盟終身名誉会長であられた正五位勲三等浅地庄太郎氏のご逝去に当たり、全国ビルメンテナンス協会を代表して告別の辞を申し上げます。

私は、言葉につくし難い感謝と心からなる敬意をもって、あなたの偉大な足跡を振り返ることを、不肖ながらお許し願いたいと思います。

戦後、急成長した私共の新しいサービス産業において、あなたは大きな輝ける星であり、文字通り業界の育ての親でありました。

十二年間にわたる会長職の間、あなたは困難とも言える業界の融和と友好をすすめながら、見事なリーダーシップを発揮されたのでありますが、その第一は、厚生省を主務官庁とする公益法人の確立であり、第二は、昭和四十五年における建築物の衛生的環境の確保に関する法律の成立であり、その第三は、十周年を迎えようとしている財団法人建築物管理訓練センターの設立でありました。

この間、国会、行政、社会一般への幾多の対応の在り方において、あなたの寛容なる人格と合理的識見は、万全と称して良い堂々たる力倆を発揮されたのでありますが、特に「ビルメンテナンス」の仕事についてのあなたの情熱と確信は、終始一貫して強い支えとなっておりました。

この大きな支えによって、多くの困難な課題を克服することができたことを、副会長として補佐をさせていただいた私として、強い印象となっております。

しかも、あなたの生涯を通じての、仕事に対する信条と念願は、世界の舞台においても遺憾なく発揚されました。それは、二十数か国による世界ビルサービス連盟の設立であり、あなたが大会議長として主宰された、日本における第三回世界大会における空前の成功を収めたことにも実証されたのであります。

文化経済の発展段階において若干の相違はありますが、ビルメンテナンス業が当面している課題と進路は、世界において著しく共通のものがあることを確認し、その解決に向かって国際的な協調の努力をしようというすばらしい場ができたのであります。

「世界の浅地さん」としての名声は、世界連盟をして、あなたを終身名誉会長として推戴することを決めたのであります。

本年五月、アムステルダムの第四回世界大会に際し、あなたは、最後の体力をふりしぼるようにして長途の旅に就かれ、大会会場において感動的なスピーチをされました。

「私は、次の世界大会には出席できないものと思う。しかし、今度生まれ変わることがあれば、同じこの仕事を続けたい。この仕事に神の栄光あれ」

私は、今でも、会場の万雷の拍手と人々のどよめくような共感と敬意を鮮明に覚えております。

しかしながら、もっと長く、一日でも長く私共の仕事と業界のことについて見守ってほしいという多くの人々の願望を振り切るようにして、あなたは他界されました。

しかしながら、卓越した後継者であるご長男の浅地正一社長は、あなたの願望を実現する最も近代的にして有能な経営者として、すでに業界のリーダーとして立派な活動をなさっております。

日本国のみでも、この仕事に従事している五十万人に達する人たちとともに、あなたに感謝し、お礼を申し上げたいと思います。あなたの築かれた土台をしっかり守りながら、あなたが願われた尊い仕事が社会のために一段と進んでいきますように、残された者たちは必ずや懸命の努力を傾けるでありましょう。

このことをお誓いすることが、あなたへの唯一のご冥福を祈る道であると固く信じておるものであります。

願わくは、彼岸の地よりお導き下さいますよう、伏して願い上げます。

日米関係の融和にも寄与

渡辺武次郎（友人代表・三菱地所取締役相談役）

浅地さん、渡辺です。あなたとは戦前戦後を通じて四十年、あの困難なときを一緒に歩いてまいりました。そのあなたと、今ここで、こうした形でお目にかかるとは、誠に悲しいことであります。

思えば昭和二十七年四月、あの講和条約発効の際でありますが、突然アメリカ大使館からこられまして「君の国の天皇の誕生日から、これまでの進駐軍が管理していた大使館関係の建物の管理とその関係の従業員を三菱地所会社で引き受けてもらえないか」との依頼がありました。

治外法権である大使館関係の建物、大使公邸、大使館員の住宅を含めての一切を、日本の会社が管理するということがあり得るものか、また当時の地所会社の社員とほぼ同数の五百人という、しかも、はなはだ失礼な言い方ではありますが、進駐軍の寄せ集めの者を引き取ることが地所会社としては大きな問題でありますので、当時、吉田外務大臣の下で次官をしていた友人の井口君に相談したところ、「アメリカでは外国の会社に管理させるということもあり得る。日本としてなによりも大切な時期であるので、国家的見地から君のところでやってもらいたい」とのことで引き受ける決意をいたしました。

しかし地所会社にはとても適当な人がない。ふと浅地さんを思い出しました。当時、進駐軍の建物接収の係をしておられた浅地さんをもらえるならば引き受けようとの回答をいたしました。

そこで新会社の日本不動産管理株式会社を設立し浅地さんを社長に、責任は私がとる。そこからあなたとの深い深いつながりができてきたのであります。独立したといえども、当時まだまだアメリカの厄介にならなければならないことがたくさんあったのでありましょう。後の総理大臣で当時の大蔵大臣の池田さんご夫妻、それに外務省、大蔵省の次官や局長など、それにアメリカ大使や公使ご夫妻、管理している住宅のご夫人をもまじえて、両国の花火をみるとか、ゴルフとか家庭的にも仲よくしてまいりました。こういうムードになったことは、浅地さんの天性とでも申しますか、生れながらの親切な温情、こまやかな心づかい、綿密なその性格があったればこそであります。占領直後の混乱した社会状勢のもとでなんの事故も起こさず大使館を守ると同時に、困難な日米関係の融和に大きく寄与いたしました。浅地さんあったればこそだと思います。

その後五年、昭和三十二年に日本不動産管理会社の全部を浅地さんに譲り、私は手を引いたのであります。その後二十五年、浅地さんはその会社を今日のように大きく育てあげられましたが、これが日本のビル管理会社の先駆であります。

またあなたは、全国ビルメンテナンス協会長として、ビル管理教育センターの創設者として、その道に大きな貢献をされましたことは、よく知られているところであります。

あなたの訃報は、アメリカのデンバーで聞きました。それは私がＢＯＭＡ（アメリカビルヂングオーナーズアンドマネージャーズ協会）の会長と前会長に会っていたところであります。アメリカではビルのオーナーでなくビルの経営管理のエキスパートが会長になっております。ビルサービス業は単にビルの清掃をするだけでなく、ビルの経営管理にまで発展していくべきだと思っています。そうでないと真のビル事業の発展はあり得ないと思います。そういう時期において、あなたの才能に期待しておりましたが、こういうことになってしまい、誠に残念でなりません。

しかし、その期待は、あなたが多年訓練された人々によって引き継がれていくことでありましょう。

ご冥福を祈ります。

功績、徳望は久しく後生まで

田崎　明（東京ビルメンテナンス協会長）

謹んで故浅地庄太郎様のご霊前に社団法人東京ビルメンテナンス協会を代表いたしまして、お別れの言葉を申し上げます。

あなたは七十有余年のご生涯のなかでビルメンテナンス業の興隆に最も力を尽くされ、ビルメンテナンス業に愛着をもち続けられました。

すなわちわが国のビルメンテナンス業者の先達として、昭和二十八年には「四社会」という集まりを持たれ、昭和三十六年には「ビルメンテナンス懇話会」を設立され、その中心的存在として協会設立に力を尽くされました。

昭和三十七年五月、東京ビルメンテナンス協会が発足するや、推されて初代会長に就任され、三期三年その地位にあり、昭和四十一年全国ビルメンテナンス協会が創立されるや、これまた初代会長として、広く日本の業界の指導育成にあたられました。

今日のビルメンテナンス業界の隆昌を語るとき、あなたの功績徳望は、久しく後世まで語り継がれていくことと思います。

思いおこせば本年四月、東京協会の新旧理事懇談会の席上、傍の目にも憔悴著しいおからだを杖に托されて、「こうして皆様にお話することも二度とあるまい」との前置で、ビルメンテナンス協会創立時の人々を語り、この業に対する自らの姿勢を述べられ、かつ、業界の今後のリーダーシップについて、切々たる心情を吐露され、疲れを気遣う人々の思惑をものともせず語り続けられました。

最後にもう一度、「この世に生を享けることあれば、ビルメンテナンス業をやりたい」とのお言葉を残され、感動の拍手のなかを静かに杖を引いて退席された後姿が、今も脳裡に焼きついています。これほど仕事を愛され、これほどこの業に打ちこまれ、この業界の発展を全身全霊で願うあなたへの感動は、今もその場に居合せた人々の心のなかに揺れ動いていると思います。

不幸にも、その時のお言葉通り、今や幽明境を異にして、親しく謦咳に接するすべもありません。わが業界にとっては、まさに巨星墜つの淋しさはいかようにもできません。

しかしあなたは、内外ともに立派に後継者も育てられました。われわれはその遺志を体し、確固たる自立と協調の精神をもって、業界の繁栄のために努力したいと思います。

在天の霊よ、お見守り下さい。

ここに柩の前にぬかづき深き哀悼の情をもって、そして限りなき尊敬と感謝の心をもって、あなたとお別れしたいと思います。

心からご冥福をお祈り申し上げます。

深い感慨にひたりながら一服を喫す
（創業 30 周年記念式典で）

あとがき

編著者　岡田玉規

私が浅地庄太郎会長に初めてお会いしたのは、大学を卒業し、日本ビルサービスの関連会社である株式会社社会環境研究所に入社した昭和五十二（一九七七）年四月のことでした。同研究所は、都市開発及び建物管理の在り方を研究調査するため、浅地会長の肝いりで、浅地正一社長と故筒井光昭氏が設立した日本ビルサービスグループのシンクタンクで、入社早々担当した仕事が、浅地会長の自伝的な著書『けじめの記』の編集作業でした。上司の指導を得つつ、青息吐息で編集作業に没頭しました。

それから四十五年を経て、『浅地庄太郎伝』の刊行に著者として関わらせていただくことができ、不思議なご縁を感ずると共に、編集者冥利に尽きると感じております。これも偏に本書の刊行を快くご許可下さり、また監修の労をお取りくださいました浅地正一様のお蔭であり、心より感謝申し上げます。

本書の最初の原稿は、浅地会長が亡くなられた後、同研究所において作成されました。しかしその内容は、あくまで近親者や親しい関係者を対象としたものであり、内容的にも幼少期から青年期にかけての比重が重く、肝心の壮年期以降の記述が簡略化されており、一般書としてはいささか片寄った内容のものとなっていました。このため、前半部を大幅にカットすると共に、全体の構成を見直し、追加原稿を作成、ビルメンテナンス業の草創期の充実を図りました。

刊行に先立って平成三十一（二〇一九）年三月、軽井沢の別荘と共に浅地会長がこよなく愛した逗子なぎさホテルを紹介した『逗子なぎさホテル物語』の復刻版（グローブシップ株式会社著、知玄舎）の刊行に関わり、また翌年七月には、絶版になっていた故田中定二氏著『建物清掃の実際』（岡田玉規編、知玄舎）の復刻新訂版の刊行を実現することが出来ました。これら二冊をお読みいただくことによって、本書に対する理解がより一層深まることと存じますので、ご購読をお勧めします。

本書の刊行に当たっては、版元の代表である小堀英一社長に表紙デザイン、本文のレイアウト等の編集作業をお願いし、また森友紀さんには追記内容のご提案と校正等をお願いしました。ここに記して、お二人の献身的なご協力に心より御礼申し上げます。

平成十七(二〇〇五)年、日本ビルサービスの株式は株式会社ビル代行（創業昭和二十八年）に譲渡されました。譲渡に至る経緯について、当時の日本ビルサービス社長であり、本書の監修者である浅地正一氏は、「鈴木貞一郎氏を中心とする鈴木ファミリーと、浅地庄太郎ファミリーとの永きにわる交友と友情に基づく信頼関係が無ければ成立しなかったことだと思う。昔から親しく付き合ってきたビル代行に決まって本当に良かった」と語っています。

株式譲渡から十年経った平成二十七（二〇一五）年には統合によって、新たな社名・グローブシップ株式会社としてスタートを切りました。草創期から日本のビルメンテナンス業を支えてきたリーディングカンパニーである二社の統合は、同業界のみならず、関連業界からも大きな注目を浴びました。矢口敏和社長の卓越した経営指導によって同社は着実に成長発展を続けています。日本ビルサービスとビル代行の輝かしい歴史と伝統を継承する同社がますます発展し、新たな産業構造を創造されることを願ってやみません。

令和四年十二月吉日

◇監修者プロフィール

浅地 正一（あさじ しょういち）

昭和13（1938）年生まれ、東京都出身。昭和35（1960）年慶應義塾大学経済学部卒業。同年日本ビルサービス株式会社入社。昭和50（1975）年同社代表取締役社長就任。平成17（2005）年同社株式をビル代行に譲渡、同特別顧問に就任。

昭和45（1970）年社会福祉法人東京都共同募金会理事、昭和50（1975）年社団法人東京青年会議所理事長、昭和52（1977）年社団法人全国ビルメンテナンス協会理事、昭和57（1982）年東京商工会議所議員、昭和58（1983）年東京都地方職業安定審議会委員、平成5（1993)年労働省中央労働基準審議会委員、平成6（1994）年東京都環境審議会委員、平成13（2001）年東京商工会議所副会頭、平成14（2002）年福祉住環境コーディネーター協会会長、平成15（2003）年内閣府男女共同参画会議専門委員、同年日比谷公園100周年記念事業実行委員会委員長など、多くの役職を歴任。現在、浅地事務所代表、東京商工会議所顧問。

◇編著者プロフィール

岡田 玉規（おかだ たまき）

昭和30（1955）年生まれ、兵庫県出身。昭和52（1977）年京都産業大学法学部卒業。同年株式会社社会環境研究所入社。編集部次長、同取締役編集長などを歴任。その後、日本ビルサービス株式会社広報部長、総務部部長、グローブシップ総務部長代理兼広報課長、同参事などを経て、現在に至る。平成20（2008）年から特定非営利活動法人快適な街づくり協会理事長。

著書としては『究極のビル観察学』が、また共著として『東京大転換』『再開発　東京ベイネットワーク』『再開発　大阪ベイネットワーク』（すべて住宅新報社発行）などがある。また絶版となっていた『逗子なぎさホテル物語』（復刻版）、『建物清掃の実際』（復刻新訂版）の復刻に取り組み、編集を担当した。

日本《にほん》のビルメンテナンス産業創生《さんぎょうそうせい》の礎《いしずえ》
——浅地庄太郎伝《あさじしょうたろうでん》

2023年2月4日　初版第1刷発行
監修者　浅地正一
編著者　岡田玉規
発行者　小堀 英一
発行所　知玄舎
　埼玉県さいたま市北区奈良町98-7（〒331-0822）
　TEL 048-662-5469　FAX 048-662-5459
　http://chigensya.jp/
発売所　星雲社（共同出版社・流通責任出版社）
　東京都文京区水道1-3-30（〒112-0005）
　TEL 03-3868-3275　FAX 03-3868-6588
印刷・製本所　中央精版印刷株式会社

ISBN978-4-434-31432-2